sobremesas refrescantes

receitas deliciosas e saudáveis

sobremesas refrescantes

receitas deliciosas e saudáveis

PUBLIFOLHA

♥ Este livro é dedicado à busca da alimentação saudável e ao estímulo do bem-estar físico, mental e espiritual

Título original: *Snog healthy treats cookbook*
Publicado pela primeira vez em 2011 pela Ryland Peters & Small, 20-21 Jockey's Fields, Londres WC1R 4BW e 519 Broadway, 5° andar, Nova York, NY 10012 www.rylandpeters.com

COORDENAÇÃO DO PROJETO: Publifolha
Editora-assistente: Thais Rimkus
Coordenação de produção gráfica: Mariana Metidieri
Produção gráfica: Rodrigo Andrade

PRODUÇÃO EDITORIAL: Estúdio Sabiá
Edição: Valéria Sanalios
Tradução: Elvira Serapicos
Preparação de texto: Olga Sérvulo
Revisão: Letícia Carniello e Nina Rizzo
Editoração eletrônica: Nobreart

EDIÇÃO ORIGINAL: Ryland Peters & Small
Criação das receitas e redação: Mariana Velásquez e Cristina Archila
Fotografia: Kate Whitaker
Direção de arte fotográfica e projeto gráfico: Steve Painter
Editor sênior contratado: Julia Charles
Chefe de produção: Patricia Harrington
Diretor de arte: Leslie Harrington
Diretor editorial: Alison Starling
Estilista culinária: Lucy McKelvie
Ilustração: Akira Chatani
Índice: Hilary Bird

Marca e design gráfico da empresa: Snog ICO Design

Pessoas com restrições alimentares devem ficar atentas aos ingredientes indicados nas receitas.

O forno deve ser preaquecido na temperatura indicada.

As fotos deste livro podem conter acompanhamentos ou ingredientes meramente ilustrativos.

O xarope de agave pode ser encontrado em lojas de produtos orgânicos.

Dados Internacionais de Catalogação na Publicação (CIP)
(Câmara Brasileira do Livro, SP, Brasil)

Sobremesas refrescantes /
[tradução Elvira Serapicos]. – São Paulo :
Publifolha, 2012.

Título original: Snog healthy treats cookbook.
ISBN 978-85-7914-320-5

1. Alimentos sem açucar 2. Alimentos sem glúten
3. Frozen yogurt 4. Livros de receita.

11-09045 CDD-641.3

Índices para catálogo sistemático:
1. Frozen yogurt : Receitas : Culinária 641.3

Este livro segue as regras do Acordo Ortográfico da Língua Portuguesa (1990), em vigor desde 1º de janeiro de 2009.

PUBLIFOLHA
Divisão de Publicações do Grupo Folha
Al. Barão de Limeira, 401, 6º andar
CEP 01202-900, São Paulo, SP
Tel.: (11) 3224-2186/2187/2197
www.publifolha.com.br

Impresso na Topan, China.

sumário

tudo sobre frozen yogurt

A marca Snog nasceu da nossa paixão por alimentos saudáveis. Em uma conversa com uma amiga nutricionista, mencionamos que nos sentíamos cansados após as refeições. Ela disse que essa sensação poderia estar ligada ao glúten e sugeriu que o eliminássemos por um mês. Foi difícil, pois a maior parte de tudo o que comemos tem glúten – macarrão, pizza, algumas sopas, bolos e até granola –, mas decidimos tentar. Depois de trinta dias, nos sentimos ótimos e com mais energia. Percebemos na prática como o bem-estar está diretamente relacionado à alimentação e decidimos que a Snog só ofereceria alimentos saudáveis.

Em nossas viagens para Miami, costumávamos jantar com Xandy, a irmã do Pablo, e ela sempre fazia uma sobremesa bem simples: iogurte natural coberto com frutas frescas, folhas de hortelã, tâmaras e nozes, regado com xarope de agave. Em 2007, quando começamos a ver as lojas de frozen yogurt (sorvete de iogurte) americanas, decidimos levar o conceito para Londres, mas ficamos decepcionados ao descobrir que um dos principais ingredientes do frozen yogurt era o açúcar. Lembramos, então, do iogurte que Xandy preparava com xarope de agave e sua receita passou a ser o ponto de partida do frozen da Snog.

A marca Snog surgiu com a ajuda de Niall, da ICO Design. Com nossa experiência em arquitetura em Miami e Londres, tendo criado lojas para empresas como a Calvin Klein, queríamos criar algo realmente atraente. Dominic, do Cinimod Studio, nos ajudou a definir o conceito da primeira loja.

Naquela época, não havia lojas de frozen yogurt em Londres. Abrimos a primeira unidade da Snog em South Kensington em 2008, e foi um sucesso desde o primeiro dia. As pessoas estavam em busca de sobremesas saudáveis e também gostaram do ambiente que havíamos criado para a loja, inspirada em "um perfeito dia de verão inglês". O piso pintado lembra a grama, o teto tem nuvens, as paredes estão cobertas de flores e as cadeiras, criadas por Marcel Wanders, lembram cogumelos em torno de mesas de jardim. Em seguida, abrimos lojas no Soho, em Westfield White City, em um grande shopping center de West London, em Covent Garden, na Liberty e na King's Road. A primeira loja internacional foi aberta em Dubai. Faz tanto calor no Oriente Médio que tínhamos certeza de que daria certo. Nossa proposta é proporcionar uma boa experiência aos clientes, e o boca a boca tem sido nossa melhor propaganda. Buscamos oferecer um produto saudável de forma divertida e em um espaço bem planejado. Os alunos do Royal College of Art têm colaborado bastante nos conceitos de design da Snog. Tomas Alonso criou as colheres especiais do Snog Special, James Tooze desenhou o modelo de balcão itinerante, inaugurado na Liberty de Londres, e novos projetos estão em produção. Buscamos manter a fidelidade dos nossos clientes e o frozen yogurt sempre em evidência.

O objetivo deste livro é ensinar as receitas da Snog - deliciosas, saudáveis e simples - para que possam ser preparadas em casa. Para isso, nos unimos à chef Mariana Velásquez, que dirige a cozinha de testes da revista *Eating Well* e faz parte da equipe da revista *Saveur*, e à culinarista e artista de raw food, ou crudivorismo, Cristina Archila, que pesquisa práticas de cura em diferentes culturas. Siga as deliciosas receitas deste livro e conheça os benefícios que uma alimentação saudável pode proporcionar em sua vida.

Pablo Uribe e Rob Baines

SNOG

por que comer sobremesas saudáveis?

Quando comemos alimentos integrais frescos, o corpo fica mais enxuto, a pele, mais brilhante e os níveis de energia aumentam. Nosso estilo de vida se transforma. A escolha dos alimentos é uma decisão poderosa, pois influencia na aparência e no bem-estar. Assumir essa responsabilidade mostra quem somos e como nos relacionamos com o planeta. Enfim, se a comida é o que nos mantém vivos, não deveríamos consumir alimentos saudáveis?

Alimentos saudáveis são todos aqueles integrais, naturais, que contêm ingredientes valiosos e favorecem a sustentabilidade. Ao consumi-los, nosso corpo assimila mais nutrientes e elimina os resíduos não adequados. Quanto mais próximo de sua forma natural e pura, mais benéfico será o alimento. Por isso, a origem, o manuseio e a qualidade da comida é muito importante. Devemos ter consciência do que ingerimos. Para isso, precisamos nos manter informados em relação às opções saudáveis e sustentáveis, e isso não significa abrir mão do sabor. Significa planejar e preparar os alimentos com mais atenção, um cuidado que leva à boa saúde, ao bem-estar e à longevidade.

Essa mudança irá expandir a consciência em muitos aspectos. Desperta o interesse pela história de cada alimento, sua origem e como nos afeta. Isso é medicina preventiva e determina a nossa qualidade de vida. É uma fonte de energia vital e temos o privilégio de fazer a melhor escolha possível sempre – crucial quando se trata de comer doces. A maioria das pessoas adora doces, eles são uma celebração da vida, um prazer especial, portanto, deveriam alimentar o corpo e satisfazer a alma. A escolha de doces saudáveis traz benefícios ao corpo, à mente e ao planeta. Que as receitas deste livro lhe sirvam de inspiração!

SNOG
Pure Frozen Yogurt

SNOG™

o que é xarope de agave?

É um adoçante natural alternativo, indicado para pessoas com sensibilidade ao açúcar e para aquelas preocupadas com a boa alimentação. O agave é uma planta sagrada na América Central, pois acredita-se que seu líquido dourado purifica o corpo e a alma. Ele é composto de 90% de frutose e 10% de glicose. Essa frutose natural tem o índice glicêmico (IG) mais baixo do que qualquer outro adoçante (25-50, enquanto o açúcar refinado chega a 92). Isso significa que o xarope de agave não eleva os níveis de açúcar no sangue, mantendo a produção de insulina equilibrada. Rico em frutose, tem uma doçura natural, apesar de concentrada, o que o torna ideal para preparar receitas naturais integrais e saudáveis.

O xarope de agave pode ser encontrado nas variedades clara, escura e âmbar em lojas de produtos naturais e orgânicos. Seu sabor é mais intenso conforme a cor, por isso é recomendável o uso do agave claro nas receitas deste livro. Existem muitas maneiras de produzi-lo, assim, é importante escolher um produto orgânico de boa qualidade, de uma marca confiável. Prefira o não fervido, alterado e empobrecido em seus nutrientes. O xarope de agave mais puro traz no rótulo a inscrição "xarope de agave cru" e é feito com a seiva da flor assim que a planta é cortada. Contém ferro, cálcio, potássio e magnésio. É claro que, como todos os adoçantes, deve ser consumido com moderação.

frozen yogurt

Frozen yogurt puro (receita base)

Estas receitas foram desenvolvidas para que você consiga obter em casa o sabor fresco e marcante do frozen yogurt, usando os mesmos ingredientes básicos. Nas lojas, são utilizados equipamentos industriais especializados que insuflam a quantidade certa de ar e mantêm a temperatura perfeita para dar suavidade.

natural

720 ml de iogurte grego ou iogurte desnatado

360 ml de leite orgânico desnatado

120 ml de xarope de agave

2 colheres (chá) de suco de limão-siciliano

sorveteira (opcional)

Rendimento: cerca de 1,4 litro

Misture o iogurte, o leite, o xarope de agave e o suco de limão em uma tigela grande. Coloque a mistura na tigela de uma sorveteira e bata de acordo com as instruções do fabricante, até ficar macia e cremosa. Se não tiver sorveteira, coloque a mistura em um recipiente, feche com a tampa e leve ao freezer. Verifique depois de 45 minutos. Quando começar a congelar nas bordas, bata vigorosamente com um garfo, um mixer ou uma espátula para quebrar os cristais de gelo. Repita várias vezes por 2-3 horas, até a mistura congelar.

chocolate

Siga a receita do Frozen yogurt puro natural (acima), misturando 3 colheres (sopa) de cacau em pó sem açúcar peneirado (de preferência italiano) antes de congelar.

chá-verde

Siga a receita do Frozen yogurt puro natural (acima), misturando 1 colher (sopa) de matchá (chá-verde em pó) antes de congelar.

o **iogurte** é uma fonte maravilhosa de proteína, cálcio e potássio. É rico em probióticos, micro-organismos que fortalecem o sistema imunológico e promovem uma digestão saudável. Está entre os mais saudáveis dos alimentos fermentados.

o **chá-verde** é um potente antioxidante. Reduz os níveis de LDL, o colesterol "ruim", combate o câncer e repara os danos sofridos pelas células. Contém L-teanina, uma substância que relaxa e melhora o humor. Isso ajuda o cérebro a liberar a dopamina, que regula o prazer, a calma e promove uma sensação de bem-estar.

o **chocolate** é rico em flavonoides e antioxidantes. É importante consumir chocolate da melhor qualidade – o chocolate amargo, com alto teor de cacau –, para aproveitar seus benefícios. Ele ajuda a preservar a saúde cardiovascular e regula a pressão sanguínea, controlando o óxido nítrico do corpo.

frozen yogurt de romã e baunilha

O xarope de romã é ótimo. Não contém açúcar, seu sabor é marcante e é próprio para decorar. Basta um pouquinho para adoçar bem.

120 ml de leite desnatado orgânico

1 fava de baunilha ou 2 colheres (chá) de extrato de baunilha

180 ml de suco de romã sem açúcar

840 ml de iogurte grego ou iogurte desnatado

160 ml de xarope de agave

2 colheres (sopa) de xarope de romã

cobertura de romã (opcional)

480 ml de suco de romã

sorveteira (opcional)

Rendimento: cerca de 1 litro

Leve o leite ao fogo médio, em uma panela pequena. Abra a fava de baunilha no sentido do comprimento e tire as sementes com a ponta de uma faca; coloque as sementes e a fava no leite, leve ao fogo e deixe ferver. Tampe e tire do fogo. Deixe descansar por cerca de 10-15 minutos; retire a baunilha e espere o leite esfriar.

Despeje o suco de romã, o iogurte, o xarope de agave e o xarope de romã em uma tigela grande. Misture o leite com sabor de baunilha; conserve na geladeira até a mistura ficar bem gelada.

Coloque a mistura na sorveteira e bata de acordo com as instruções do fabricante, até ficar cremosa e macia. Se não tiver sorveteira, coloque a mistura em um recipiente com tampa e leve ao freezer. Verifique depois de 45 minutos. Quando começar a congelar nas bordas, bata vigorosamente com um garfo, um mixer ou uma espátula para quebrar os cristais de gelo. Repita várias vezes por 2-3 horas, até a mistura congelar.

Para fazer a calda de romã: coloque o suco de romã em uma panela pequena em fogo médio/alto. Deixe ferver, reduza o fogo para médio/baixo e cozinhe por 35-40 minutos, até reduzir para cerca de 120 ml (½ xícara). Conserve na geladeira e regue com ela o frozen yogurt pouco antes de servir.

♥ as **romãs** têm antioxidantes muito potentes, que preservam a juventude, combatem doenças do coração, além de ser anticancerígenas. São ótima fonte de vitaminas B e C, cálcio e fósforo. O suco de romã ajuda a manter a saúde das artérias e da próstata e reduz os níveis de LDL, o colesterol "ruim".

frozen yogurt de damasco e cardamomo com pistache

Damascos frescos são deliciosos; devemos usá-los de todas as maneiras possíveis. Os sabores exóticos do cardamomo e do pistache remetem a um jardim do Oriente Médio.

360 ml de iogurte desnatado com sabor de baunilha

240 ml de buttermilk (⅔ de iogurte desnatado e ⅓ de leite)

120 ml de xarope de damasco (nota na p. 122)

1 colher (sopa) de suco de limão-siciliano

140 g de damascos frescos picados

60 ml de xarope de agave

uma pitada de cardamomo moído

3 colheres (sopa) de pistaches torrados picados

sorveteira (opcional)

Rendimento: cerca de 1,4 litro

Coloque o iogurte, o buttermilk, o xarope de damasco, o suco de limão e os damascos em uma tigela e misture bem. Despeje a mistura na sorveteira e bata de acordo com as instruções do fabricante, até ficar cremosa e macia. Se não tiver sorveteira, coloque a mistura em um recipiente com tampa e leve ao freezer. Verifique depois de 45 minutos. Quando começar a congelar nas bordas, bata vigorosamente com um garfo, um mixer ou uma espátula para quebrar os cristais de gelo. Repita várias vezes por cerca de 4 horas, até a mistura congelar.

Junte o xarope de agave com o cardamomo em uma tigela pequena; reserve.

Tire o frozen yogurt do freezer e espere até amaciar um pouco. Espalhe o pistache torrado por cima e cubra com a mistura de xarope de agave e cardamomo. Com uma espátula de borracha, misture parcialmente no frozen yogurt. Coloque novamente no freezer até ficar pronto para servir.

♥ o **pistache** é rico em antioxidantes e gorduras monoinsaturadas, bons para o coração. Contém vitamina E, que melhora o sistema imunológico, e é abundante em magnésio, cobre, manganês e vitamina B6. Contém também luteína e zeaxantina, antioxidantes associados à saúde dos olhos.

frozen yogurt de capim-limão com manjericão

Esta receita foi inspirada na cozinha vietnamita, que usa ervas frescas para dar leveza aos pratos picantes.

4 talos de capim-limão lavados e picados

180 ml de xarope de agave

570 g de iogurte grego ou iogurte natural desnatado

180 ml de leite desnatado orgânico

½ colher (chá) de raspas de casca de limão

2 colheres (sopa) de suco de limão

2 colheres (sopa) de manjericão fresco bem picado

sorveteira (opcional)

Rendimento: cerca de 1,4 litro

Coloque o capim-limão e o xarope de agave em uma panela pequena em fogo médio/alto. Deixe ferver e cozinhe por 3-4 minutos, até a mistura ficar esbranquiçada. Tire do fogo e deixe descansar por 5 minutos. Coe e reserve até esfriar completamente.

Ponha o iogurte, o leite, as raspas e o suco de limão em uma tigela grande; misture bem. Junte o xarope de agave com sabor de capim-limão e o manjericão; misture bem. Conserve a mistura na geladeira até ficar bem gelada.

Transfira para a sorveteira e bata de acordo com as instruções do fabricante, até ficar cremosa e macia. Se não tiver sorveteira, coloque a mistura em um recipiente com tampa e leve ao freezer. Verifique depois de 45 minutos. Quando começar a congelar nas bordas, bata vigorosamente com um garfo, um mixer ou uma espátula para quebrar os cristais de gelo. Repita várias vezes por cerca de 2-3 horas, até a mistura congelar. Sirva em colheradas.

♥ o **capim-limão** tem propriedades adstringentes, antimicrobianas e antibacterianas que estimulam a digestão, regulam as funções renais e ajudam a desintoxicar o fígado. O óleo essencial de capim-limão contém mirceno, limoneno e betacaroteno, benéficos para o crescimento das células e dos tecidos, além de qualidades analgésicas e calmantes, que ajudam a diminuir a dor e a aliviar irritações da pele.

frozen yogurt de limão com lavanda

De preferência, use o limão-siciliano nesta receita. Sua acidez suave e perfumada é deliciosa.

720 ml de iogurte grego ou iogurte desnatado

2 colheres (sopa) de raspas de limão

120 ml de suco de limão-siciliano

180 ml de mel orgânico

1 colher (sopa) de ramos de lavanda fresca ou ¼ de colher (chá) de lavanda seca

sorveteira (opcional)

Rendimento: cerca de 1,4 litro

Misture o iogurte, as raspas e o suco de limão em uma tigela grande.

Aqueça o mel e a lavanda em uma panela pequena em fogo médio, até sentir o aroma da lavanda. Coe em peneira fina e deixe esfriar completamente. Descarte a lavanda.

Junte o mel aromatizado à mistura de iogurte e limão.

Coloque a mistura na sorveteira e bata de acordo com as instruções do fabricante, até ficar cremosa e macia. Se não tiver sorveteira, coloque a mistura em um recipiente com tampa e leve ao freezer. Verifique depois de 45 minutos. Quando começar a congelar nas bordas, bata vigorosamente com um garfo, um mixer ou uma espátula para quebrar os cristais de gelo. Repita várias vezes por cerca de 2-3 horas, até a mistura congelar. Sirva em colheradas.

♥ o **limão-siciliano** é rico em vitamina C e fortalece o sistema imunológico. É um poderoso antioxidante e protege contra quadros inflamatórios, como artrite e asma. Além disso, tem propriedades antibióticas, que previnem infecções, gripes e resfriados. O limoneno, encontrado na casca, tem poderosas propriedades anticancerígenas e antibacterianas. Água quente com suco de limão proporciona uma limpeza benéfica do fígado, da bile e do sistema digestório.

semifreddo de banana com linhaça

Semifreddos são ótimas sobremesas para servir para visitas, pois podem ser feitos com antecedência. Depois, basta tirar do freezer, desenformar e cortar.

3 gemas de ovo

400 ml de leite de coco

3 bananas cortadas em pedaços

120 ml de xarope de agave

2 colheres (sopa) de suco de limão-siciliano

25 g de macadâmias picadas

15 g de chocolate amargo picado

1 colher (sopa) de semente de linhaça moída

uma pitada de sal marinho

fôrma de pão de 23 cm x 13 cm x 6 cm, forrada com filme de PVC

Rendimento: 6 porções

Coloque as gemas e 120 ml de leite de coco em uma tigela de metal em banho-maria. Bata por 6 minutos, até a mistura dobrar de volume. Tire a tigela do fogo e continue batendo até esfriar.

Ponha as bananas, o xarope de agave, o suco de limão e o restante do leite de coco no liquidificador e bata até ficar macio. Junte com a mistura de ovo e leite de coco.

Distribua metade na fôrma de pão e alise a superfície. Cubra com filme de PVC e leve ao freezer por 1 hora. Conserve o restante da mistura na geladeira.

Tire a fôrma do freezer e espalhe por cima as macadâmias, os pedaços de chocolate e a semente de linhaça. Adicione o restante da mistura, cubra com filme de PVC e conserve no freezer pelo menos por 4 horas. Quando estiver pronto para servir, retire o filme de PVC, vire em uma travessa e corte.

♥ a **banana** é boa fonte de frutoligossacarídeos, alimento preferido das "boas bactérias" que vivem em nosso sistema digestório. Também é importante fonte de energia, rica em potássio e fibra; além de evitar cãibras musculares, ajuda a manter um ritmo cardíaco saudável e a regular os eletrólitos e o equilíbrio dos fluidos.

sorbet de chocolate amargo com chá-preto

O sabor especial de um biscoito de chocolate amargo molhado no chá-preto deu origem a esta receita. A combinação de sabores deste sorbet lembra a do biscoito de chocolate amargo embebido no chá-preto.

180 ml de xarope de agave

100 g de cacau em pó

¼ de colher (chá) de essência de baunilha

¼ de colher (chá) de sal marinho

160 ml de chá-preto forte feito na hora

Rendimento: cerca de 1,4 litro

Coloque o xarope de agave, o cacau em pó, a essência de baunilha, o sal e o chá em uma panela grande. Acrescente 720 ml de água fria e deixe ferver. Tire do fogo e deixe na geladeira até ficar gelado.

Ponha a mistura na sorveteira e bata de acordo com as instruções do fabricante, até ficar cremosa e macia. Se não tiver sorveteira, coloque a mistura em um recipiente com tampa e leve ao freezer. Depois de 2 horas, retire do freezer e bata com um mixer para quebrar as partículas congeladas. Repita várias vezes por cerca de 2-3 horas, até a mistura congelar.

Tire o sorbet do freezer e conserve na geladeira por cerca de 10 minutos antes de servir, para ficar macio. Sirva em colheradas.

o **chá-preto** contém polifenóis, elementos poderosos que protegem as células do estresse oxidativo. Essa atividade anticancerígena repara os danos nas células e impede o crescimento de tumores. É muito eficaz na redução do LDL, o colesterol "ruim", e na prevenção de doenças cardiovasculares.

sanduíches de frozen yogurt de café com biscoitos de amêndoas

Esta sobremesa gelada é uma ótima opção no lanche da tarde de um dia quente de verão, além de impressionar as visitas.

biscoitos de amêndoas

4 claras

275 g de amêndoas em lascas

120 ml de xarope de agave

½ colher (chá) de essência de baunilha

¼ de colher (chá) de sal marinho

frozen yogurt de café

720 ml de iogurte grego ou iogurte desnatado

360 ml de leite orgânico desnatado

120 ml de xarope de agave

2 colheres (sopa) de pó de café expresso instantâneo

2 colheres (chá) de suco de limão-siciliano

sorveteira (opcional)

2 assadeiras grandes untadas e forradas com papel-manteiga também untado e polvilhado com farinha

Rendimento: 8 porções

Preaqueça o forno a 160°C.

Coloque as claras, as amêndoas, o xarope de agave, a essência de baunilha e o sal em uma tigela e misture bem. Espalhe 2 colheres (sopa) da mistura nas assadeiras em círculos de 8 cm. Asse por cerca de 20-25 minutos, até dourar nas bordas, e depois deixe os biscoitos esfriarem completamente.

Misture o iogurte, o leite, o xarope de agave, o café e o suco de limão em uma tigela grande. Ponha a mistura na sorveteira e bata de acordo com as instruções do fabricante, até ficar cremosa e macia. Se não tiver sorveteira, coloque a mistura em um recipiente com tampa e leve ao freezer. Verifique depois de 45 minutos. Quando começar a congelar nas bordas, bata vigorosamente com um garfo, um mixer ou uma espátula para quebrar os cristais de gelo. Repita várias vezes por cerca de 2-3 horas, até a mistura congelar.

Para montar os sanduíches: distribua metade dos biscoitos em uma superfície lisa. Coloque 2 colheres (sopa) do frozen yogurt de café sobre cada biscoito. Cubra cada um com outro biscoito e pressione para fazer um sanduíche. Deixe no freezer e passe para a geladeira pelo menos 20 minutos antes de servir.

o **café** é um poderoso estimulante; contém ácido clorogênico e ácido cafeico, ambos poderosos antioxidantes. Quando consumido com moderação, é surpreendentemente benéfico para a saúde. Pode ajudar a reduzir o risco de doenças cardíacas e inflamações.

picolés de chocolate e amora

Refrescantes e suaves, são deliciosos e fazem muito sucesso com as crianças. A textura crocante das sementes no pirulito congelado é ótima. Se desejar, substitua as amoras por framboesas ou morangos.

mistura de amoras

175 g de amoras frescas

4 colheres (sopa) de xarope de agave

1 colher (chá) de raspas de limão-siciliano

2 colheres (sopa) de suco de limão-siciliano

mistura de chocolate

4 colheres (sopa) de xarope de agave

25 g de cacau em pó

1 colher (chá) de essência de baunilha

bandeja para 8 picolés de 75 g ou similar

8 palitos de madeira

Rendimento: 8 unidades

Coloque as amoras, o xarope de agave, as raspas e o suco de limão no liquidificador. Acrescente 180 ml de água fria e bata até a mistura ficar cremosa.

Coloque-a nas fôrmas de picolé, enchendo apenas até a metade. Congele por até 1 hora.

Prepare a mistura de chocolate: junte o xarope de agave, o cacau e a essência de baunilha em uma panela pequena em fogo médio. Acrescente 180 ml de água fria e deixe ferver, mexendo sem parar, até dissolver completamente o cacau. Tire do fogo e deixe esfriar.

Tire as fôrmas de picolé do freezer e complete com a mistura de chocolate. Coloque no freezer novamente e retire depois de 30 minutos. Espete um palito no centro de cada picolé e volte ao freezer mais uma vez, até congelar completamente, antes de servir.

a **amora** é rica em antioxidantes. Contém polifenóis que ajudam a reduzir o risco de doenças cardíacas e protegem contra o câncer. As antocianinas, que dão à amora a cor escura, reduzem as inflamações. Ela ainda contém ácido elágico, que protege a pele dos raios UV, restaura as células da pele e repara os danos causados pelo sol. É uma fruta rica em vitamina C, magnésio e fibras.

granita de melão

O melão desprende aromas doces e florais. Sentir o perfume da casca do melão para verificar se está maduro já é um grande prazer.

450 g de melão em pedaços (1 melão de 1,5 kg)

¼ de colher (chá) de pimenta jalapeño picada

60 ml de xarope de agave

2 colheres (sopa) de suco de limão

assadeira de 20 cm de diâmetro

Rendimento: cerca de 1 litro

Coloque o melão, a pimenta, o xarope de agave e o suco de limão no processador ou no liquidificador; acrescente 120 ml de água fria e bata até obter um purê.

Despeje a mistura na assadeira e congele por 4 horas. Tire do freezer e raspe a superfície com um garfo até formar flocos.

Cubra com filme de PVC e leve ao freezer de novo, até a hora de servir.

♥ o **melão** tem grande volume e poucas calorias, o que é ideal para quem quer perder peso, pois proporciona principalmente água e fibras. É uma boa fonte de potássio, importante para manter a saúde do coração e os níveis da pressão sanguínea. Contém também vitaminas A e C, que fortalecem o sistema imunológico e mantêm a pele saudável.

sorvete de goiaba

Estes pedacinhos de sorvete cremoso são surpreendentes e divertidos. A goiaba e a baunilha fazem um casamento delicioso de sabores.

720 ml de suco de goiaba

40 ml de iogurte desnatado sabor baunilha

125 ml de xarope de agave

1 colher (sopa) de suco de limão

¼ de colher (chá) de sal marinho

1 colher (chá) de raspas de limão para decorar

forminhas de gelo de formatos diversos

Rendimento: 6 porções (cerca de 30 cubos)

Coloque o suco de goiaba, o iogurte, o xarope de agave, o suco de limão e o sal em uma tigela média; misture bem. Distribua nas forminhas de gelo e conserve no freezer por 4 horas ou até ficar bem firme.

Divida os cubos de gelo em 6 tigelas e decore com a casca de limão. Sirva imediatamente.

♥ a **goiaba** é considerada um dos alimentos mais nutritivos. Tem maiores concentrações de licopeno que qualquer fruta ou vegetal. Esse poderoso antioxidante ajuda a prevenir o câncer e a reparar células danificadas. É uma fruta muito rica em potássio, magnésio e vitaminas A e C. Além disso, é uma excelente fonte de fibras.

coberturas

para ser apreciadas com frozen yogurt
caseiro ou comprado pronto

cubos de abacaxi com amendoim

Qualquer desculpa para comer abacaxi doce e caramelizado se justifica. A pasta de amendoim dá uma cobertura cremosa, que aumenta a vontade de comer mais.

450 g de abacaxi fresco em cubos

70 g de pasta de amendoim orgânica

60 ml de xarope de agave

60 ml de suco de tamarindo

2 colheres (sopa) de óleo de amendoim

Frozen yogurt puro (p. 20) para servir

assadeira ligeiramente untada

Rendimento: 8 porções

Preaqueça o forno a 190°C.

Coloque o abacaxi, a pasta de amendoim, o xarope de agave, o suco de tamarindo e o óleo em uma tigela grande; misture bem até cobrir os cubos de abacaxi.

Espalhe-os na assadeira untada e leve ao forno preaquecido por 12-15 minutos, até o abacaxi começar a dourar nas bordas e os sucos engrossarem.

Tire do forno e deixe esfriar. Espalhe por cima o seu Frozen yogurt puro e sirva.

Os cubos de abacaxi com amendoim podem ser conservados na geladeira, em recipiente hermeticamente fechado, por 3 dias.

o **amendoim** é uma oleaginosa. Rico em antioxidantes, contém ácido p-cumárico, que combate o câncer. Boa fonte de niacina, ácido fólico, cobre, vitamina E, proteína e manganês, também é rico em gorduras monoinsaturadas, que ajudam a promover a saúde do coração.

morangos com ruibarbo e manjericão

A fruta agridoce e o manjericão formam uma combinação delicada e perfumada. O ruibarbo deve ser marinado no dia anterior; se não encontrá-lo, substitua-o por nectarina ou maçã.

450 g de ruibarbo fresco (pode ser nectarina ou maçã) picado

120 ml de vinho branco

240 ml de xarope de agave

2 saquinhos de chá de morango

230 g de morango fresco picado

8 folhas de manjericão fresco

Frozen yogurt puro (p. 20) para servir

Rendimento: 4 porções

Coloque o ruibarbo em um refratário. Leve ao fogo médio, em uma panela, o vinho, o xarope de agave e 240 ml de água fria. Deixe ferver e coloque os saquinhos de chá. Tampe e tire do fogo; deixe descansar por 5 minutos.

Retire os saquinhos de chá. Leve o líquido novamente ao fogo, deixe ferver e despeje sobre o ruibarbo. Cubra com filme de PVC e espere esfriar completamente. Conserve na geladeira durante a noite; junte os morangos e o manjericão pouco antes de servir e cubra com o Frozen yogurt puro. Esta cobertura deve ser usada no dia em que for feita.

♥ o **ruibarbo** é muito rico em cálcio e ácido oxálico. É ótima fonte de fibras dietéticas e facilita a digestão. Quando fresco, tem propriedades antibacterianas e anti-inflamatórias que ajudam a reduzir o risco de elevação da pressão sanguínea e a manter níveis saudáveis de colesterol. Também é usado na medicina chinesa para combater prisão de ventre.

calda de mirtilo com limão e gengibre

Perfumada com aroma de frutas vermelhas, tem ainda as qualidades calmantes do gengibre.

400 g de mirtilos frescos

1 colher (sopa) de raspas de limão-siciliano

3 colheres (sopa) de xarope de agave

2 colheres (sopa) de gengibre bem ralado

Frozen yogurt puro (p. 20) para servir

Rendimento: 8 porções

Coloque os mirtilos, as raspas de limão, o xarope de agave e o gengibre no liquidificador e bata até obter um purê macio. Sirva em colheradas sobre o seu Frozen yogurt puro preferido.

A calda pode ser conservada na geladeira, em recipiente hermeticamente fechado, por 3 dias.

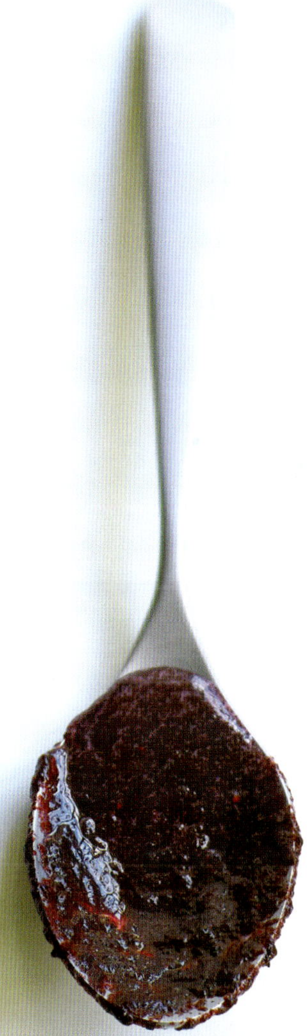

biscoitos crocantes de gergelim branco e preto

Uma sobremesa clássica muito apreciada no Oriente Médio é o iogurte fresco com mel e gergelim tostado. É uma combinação equilibrada que, junto com as castanhas de caju e o gengibre, transforma-se em delicioso complemento para o Frozen yogurt puro de chá-verde.

1 clara de ovo

50 g de castanhas de caju picadas

3 colheres (sopa) de gergelim branco

3 colheres (sopa) de gergelim preto

120 ml de xarope de agave

2 colheres (sopa) de gengibre seco

25 g de farinha de coco

¼ de colher (chá) de sal marinho

Frozen yogurt puro de chá-verde (p. 20) para servir

assadeira forrada com papel-manteiga

Rendimento: 18-20 unidades

Preaqueça o forno a 160°C.

Bata a clara levemente em uma tigela grande. Acrescente as castanhas de caju, o gergelim branco e preto, o xarope de agave, o gengibre, a farinha de coco e o sal. Misture bem, até formar uma massa pegajosa.

Distribua a massa em colheradas na assadeira forrada com papel-manteiga. Achate-as para formar círculos de 5 cm.

Asse por 25-30 minutos, até ficarem dourados e crocantes. Deixe esfriar completamente e sirva com colheradas generosas de Frozen yogurt puro de chá-verde.

Depois de frios, os biscoitos podem ser conservados, em recipiente hermeticamente fechado, por 5 dias.

♥ o **gergelim** é valorizado desde a Antiguidade pelo óleo e pelo sabor amendoado. É uma boa fonte de proteína e rico em cobre, manganês, ferro, magnésio e cálcio. Contém lignanas, grupo de fibras benéficas que incluem o sesamin e o sesaminol. Elas melhoram a absorção da vitamina E e aumentam a atividade das enzimas do fígado que atuam na dissolução de gordura.

frutas assadas

Certifique-se de que todas as frutas estejam maduras e doces; não há nada pior do que uma nectarina ou um pêssego farinhentos. Se preferir, use suco de uva sem açúcar em vez de vinho.

1 pêssego grande em fatias

1 nectarina grande em fatias

1 ameixa madura em fatias

8 cerejas frescas cortadas na metade

4 colheres (sopa) de xarope de agave

¼ de colher (chá) de pimenta-do-reino moída na hora

4 colheres (sopa) de vinho tinto ou suco de uva sem açúcar

Frozen yogurt puro natural (p. 20) para servir

assadeira forrada com papel-manteiga

Rendimento: 4-6 porções

Preaqueça o forno a 180°C.

Ponha as fatias de pêssego, nectarina e ameixa junto com as cerejas na assadeira.

Coloque o xarope de agave, a pimenta e o vinho em uma tigela pequena e misture bem. Regue as frutas e asse por 25-30 minutos, até ficarem douradas e parcialmente caramelizadas. Deixe esfriar um pouco na assadeira.

Sirva as frutas quentes, sobre generosas colheradas de Frozen yogurt puro natural.

As frutas assadas podem ser conservadas, em recipiente hermeticamente fechado, por 3 dias.

a **cereja** tem propriedades anti-inflamatórias e é um potente agente de combate ao câncer. Contém quercetina e ácido elágico, que combatem as células cancerígenas e inibem o crescimento de tumores. É boa fonte de potássio e vitamina A. Também tem propriedades antivirais e antibacterianas.

lascas de chocolate com castanhas de caju

Esta mistura de frutas secas e castanhas de caju funciona muito bem, mas existem variações. Opcionais, os nibs de cacau acrescentam uma crocância maravilhosa.

225 g de chocolate amargo (70% de cacau) picado

2 colheres (chá) de xarope de agave

60 g de castanhas de caju torradas

45 g de mirtilos

45 g de damascos picados

1 colher (sopa) de nibs de cacau (opcional)

Frozen yogurt puro (p. 20) para servir

assadeira forrada com papel-manteiga

Rendimento: 8 porções

Coloque o chocolate em uma tigela refratária sobre uma panela com água fervente. Não deixe o fundo da tigela tocar a água. Mexa continuamente, até derreter.

Tire do fogo e misture o xarope de agave. Derrame na assadeira e espalhe; polvilhe com as castanhas de caju, as frutas e o cacau.

Deixe esfriar na assadeira em temperatura ambiente por 2-3 horas, até endurecer. Quebre em pedaços e sirva com generosas colheradas do seu Frozen yogurt puro preferido.

Essas lascas podem ser conservadas, em recipiente hermeticamente fechado, por 3 dias.

o **cacau** é rico em vitaminas, minerais, antioxidantes e teobromina – alcaloide que causa sensação de bem-estar. Também é fonte de cromo, que ajuda a manter níveis de açúcar equilibrados no sangue. Contém ainda magnésio, que ajuda o corpo na maioria de suas funções. Os flavonoides do cacau cru são uma das melhores fontes de proteção antioxidante.

mix de romã, chocolate branco e hortelã

As sementes de romã podem ser descritas como joias agridoces. O sabor sutil do chocolate branco e o aroma intenso da hortelã contrastam com as sementes, criando uma combinação sublime tanto na textura quanto no sabor.

120 g de nozes picadas

100 g de chocolate branco de boa qualidade picado

2 colheres (sopa) de folhas de hortelã pequenas

80 g de sementes de romã

1 colher (sopa) de xarope de romã

Frozen yogurt puro (p. 20) para servir

Rendimento: 6-8 porções

Misture as nozes, os pedaços de chocolate, as folhas de hortelã e as sementes de romã em uma tigela pequena. Acrescente o xarope de romã e mexa bem, cobrindo todos os ingredientes.

Sirva sobre porções generosas do seu Frozen yogurt puro preferido.

Esta cobertura pode ser conservada na geladeira em recipiente hermeticamente fechado por 2-3 dias.

a **hortelã** ajuda a relaxar o músculo liso que envolve o intestino. Isso previne a indigestão e evita espasmos musculares do cólon. O óleo da hortelã tem propriedades anticancerígenas, antibacterianas e antifungicidas. Contém ácido rosmarínico, substância que ajuda nos problemas respiratórios, como asma e rinite alérgica. Também é boa fonte de manganês e de vitaminas C e A.

tâmaras e figos com cerejas e especiarias

A pimenta-da-jamaica é um ingrediente complexo, com sabores de canela, noz-moscada e cravo. Depois de seca, tem um aroma único. A mistura das tâmaras, das cerejas azedas e dos figos dá a esta cobertura um sabor doce-azedo refrescante.

80 g de tâmaras sem caroço

80 g de figos secos picados

40 g de cerejas azedas (ou damascos) picadas

uma pitada de pimenta-da-jamaica

2 colheres (chá) de xarope de agave

1 colher (sopa) de óleo de coco (ou de amêndoas)

1 colher (sopa) de suco de laranja fresco

Frozen yogurt puro de chocolate (p. 20) para servir

Rendimento: 4 porções

Misture as tâmaras, os figos, as cerejas, a pimenta-da-jamaica, o xarope de agave, o óleo de coco e o suco de laranja em uma tigela grande. Deixe descansar em temperatura ambiente pelo menos por 10 minutos, para apurar os sabores.

Sirva sobre uma porção generosa de Frozen yogurt puro de chocolate.

Essa mistura de frutas pode ser conservada na geladeira em recipiente hermeticamente fechado por 3 dias.

♥ o **figo** é uma fonte de açúcar que estimula o cérebro e diminui a pressão sanguínea. É pobre em gorduras e tem alto teor de fibras, o que ajuda na perda de peso. Pode ser consumido como um lanche saudável, pois é rico em cálcio, ferro, magnésio e potássio. Contém também triptofano e pode propiciar uma boa noite de sono.

peras com erva-doce e limão

O sabor doce das peras combinado com o toque de anis da erva-doce é delicioso, especialmente quando acrescentado ao frozen yogurt natural. A textura da erva-doce deve estar crocante, para contrastar com a maciez da pera.

1 bulbo de erva-doce bem limpo e bem fatiado

160 ml de xarope de agave

1 colher (sopa) de raspas de limão-siciliano

3 colheres (sopa) de suco de limão-siciliano fresco

uma pitada de sal marinho

2 peras sem casca e sem sementes fatiadas

Frozen yogurt puro natural (p. 20) para servir

Rendimento: 4 porções

Coloque a erva-doce, o xarope de agave, as raspas e o suco de limão e o sal em uma panela grande em fogo médio.

Acrescente 240 ml de água fria e deixe ferver. Cozinhe por cerca de 10 minutos, até a erva-doce começar a ficar brilhante.

Acrescente as peras fatiadas e cozinhe por mais 10-15 minutos, até ficarem macias, preservando a forma.

Coloque em um refratário e deixe esfriar na geladeira. Sirva com o Frozen yogurt puro natural.

Esta cobertura pode ser conservada na geladeira em recipiente hermeticamente fechado por 2 dias.

♥ a **erva-doce** proporciona proteção antioxidante potente. É rica em vitamina C, que é antimicrobiana e protege o sistema imunológico. Contém fibra dietética, folato e potássio. Reduz os níveis de LDL, o colesterol "ruim", e ajuda a diminuir o risco de doenças cardíacas. A erva-doce também alivia os gases abdominais e ajuda com as cãibras.

batata-doce com canela e semente de abóbora

A mistura de doce e salgado é maravilhosa. Esta cobertura exótica realça perfeitamente o sabor azedinho do frozen yogurt puro.

- 1 batata-doce (280 g) em cubos
- 2 colheres (sopa) de sementes de abóbora torradas sem casca e salgadas (veja a nota)
- 2 colheres (sopa) de uvas-passas brancas
- ¼ de colher (chá) de canela em pó
- 1 colher (sopa) de açúcar de palma ou 2 colheres (chá) de xarope de agave
- 2 colheres (chá) de óleo de coco
- Frozen yogurt puro (p. 20) para servir

Rendimento: 4-6 porções

Preaqueça o forno a 190°C.

Coloque a batata-doce, as sementes de abóbora e as uvas-passas em uma assadeira. Espalhe a canela e o açúcar ou xarope de agave, regue com o óleo de coco e misture bem para cobrir todos os ingredientes.

Leve ao forno por 25 minutos, mexendo duas ou três vezes, até assar uniformemente e a batata-doce começar a caramelizar.

Deixe esfriar na assadeira por 5 minutos. Sirva com generosas colheradas do seu Frozen yogurt puro preferido.

Esta cobertura pode ser conservada na geladeira em recipiente hermeticamente fechado por 2 dias.

Nota: se não conseguir encontrar sementes de abóbora sem casca torradas e salgadas, você pode prepará-las. Coloque sementes de abóbora sem casca em uma assadeira; regue com azeite e tempere com um pouco de sal. Asse em forno preaquecido a 150°C por cerca de 30-40 minutos, mexendo a cada 10 minutos, até assar completamente.

♥ a **batata-doce** não é uma batata de verdade é o vegetal de raiz amilácea mais saudável e pertence à família das convolvuláceas. É riquíssima em fibras, principalmente na casca, betacaroteno, vitaminas A e C, manganês, potássio e ferro.

sobremesas sem glúten

"brownies" de chocolate

Esta deliciosa sobremesa estilo brownie não contém glúten nem açúcar (embora o chocolate possa conter um pouco). Por isso, satisfaz a gula sem sentimento de culpa. Sirva quente, assim que sair do forno.

250 g de chocolate amargo de boa qualidade (85% de cacau) em pedaços

175 g de manteiga sem sal em cubinhos

3 ovos

150 ml de xarope de agave

1 colher (chá) de essência de baunilha

75 g de amêndoas moídas

100 g de farinha sem glúten

16 metades de nozes

iogurte grego ou natural para servir (opcional)

assadeira quadrada de 25 cm untada e forrada com papel-manteiga

Rendimento: 16 porções

Preaqueça o forno a 180°C.

Ponha o chocolate e a manteiga em uma tigela refratária sobre uma panela com água fervente (não deixe a base da tigela tocar a água). Mexa bem até derreter e misturar completamente o chocolate e a manteiga; tire do fogo e deixe esfriar um pouco.

Coloque os ovos, o xarope de agave e a baunilha em uma tigela grande e misture bem. Junte o chocolate derretido até formar um creme macio.

Acrescente as amêndoas moídas e a farinha e misture mais um pouco. Transfira para a assadeira, alisando a superfície com uma espátula. Espalhe as nozes e asse por 12-15 minutos.

Deixe esfriar um pouco antes de cortar em quadrados. Sirva quente com uma colherada de iogurte grego ou natural, se desejar.

Depois de frios, estes brownies podem ser conservados em recipiente hermeticamente fechado por 5 dias. Eles podem ser embrulhados em papel-alumínio e reaquecidos em forno baixo, se desejar servi-los quentes.

minibrownies de Oaxaca com calda de chocolate e amêndoas

A cultura maia, baseada no equilíbrio da energia e no alinhamento dos planetas e das estrelas, nos ensinou que a combinação de extremos funciona. Esta sobremesa satisfaz o desejo por chocolate, com uma pitada de especiarias.

50 g de farinha de grão-de-bico

25 g de farinha de arroz integral

25 g de farinha de batata

25 g de cacau em pó

1 colher (chá) de fermento em pó

uma pitada de bicarbonato de sódio

uma pitada de goma xantana

½ colher (chá) de sal

½ colher (chá) de pimenta em pó

120 ml de óleo de semente de uva

60 ml de xarope de agave

60 ml de purê de maçã

1½ colher (chá) de essência de baunilha

calda de chocolate e amêndoas

50 g de chocolate amargo (70% de cacau) em pedaços

1 colher (sopa) de manteiga de amêndoas

1 colher (sopa) de xarope de agave

12 forminhas para cupcakes levemente untadas

Rendimento: 12 porções

Preaqueça o forno a 160°C.

Peneire as farinhas, o cacau em pó, o fermento, o bicarbonato, a goma xantana, o sal e a pimenta em uma tigela grande e misture bem.

Em outro recipiente, misture o óleo de semente de uva, o xarope de agave, o purê de maçã e a essência de baunilha. Junte as duas misturas e mexa bem com uma espátula, até incorporar todos os ingredientes. Acrescente a água quente e misture, sem mexer demais.

Distribua a massa pelas forminhas e asse por 20-25 minutos, até a superfície dos brownies ficar crocante. Deixe esfriar na bandeja.

Faça a calda: coloque o chocolate em uma tigela refratária e leve ao fogo médio sobre uma panela com 60 ml de água fervente. (Não deixe a base da tigela encostar na água.) Mexa continuamente até derreter. Tire do fogo e deixe esfriar antes de agregar a manteiga de amêndoas e o xarope de agave. Coloque um pouco da calda por cima de cada brownie e sirva.

♥ o **cacau em pó** é rico em compostos chamados flavonóis, que nos protegem das toxinas ambientais e impedem a coagulação da gordura do sangue. Favorecem a saúde do coração e regulam a circulação sanguínea. O cacau é rico em magnésio, ferro, fósforo, cobre e potássio, além de boa fonte de proteína e fibra.

torta de avelãs com azeite e tangerina

Inspirada em um clássico italiano, esta torta de azeite é úmida e cítrica. O sabor terroso das avelãs faz dela um acompanhamento perfeito para uma xícara de café ou de chá.

125 g de farinha sem glúten

25 g de farinha de arroz integral

75 g de avelãs tostadas

1½ colher (chá) de fermento em pó

1 colher (chá) de bicarbonato de sódio

½ colher (chá) de sal marinho

1 colher (chá) de goma xantana

2 ovos

200 ml de xarope de agave

50 ml de buttermilk (p. 27)

100 ml de azeite extravirgem

1 colher (sopa) de raspas de tangerina

assadeira de 23 cm de diâmetro untada e forrada com papel-manteiga

Rendimento: 8-10 porções

Preaqueça o forno a 160°C.

Coloque as farinhas, as avelãs, o fermento, o bicarbonato de sódio e o sal no liquidificador. Pressione a função pulse algumas vezes até moer as avelãs. Ponha a mistura em uma tigela grande e acrescente a goma xantana.

Em outra tigela, misture os ovos, o xarope de agave, o buttermilk, o azeite e as raspas de tangerina. Junte essa mistura com a de farinha para incorporar todos os ingredientes, sem mexer demais.

Coloque a mistura na assadeira e asse por 40-45 minutos, até a torta crescer e ceder ao toque. Deixe esfriar na assadeira por 10 minutos, depois desenforme e deixe esfriar completamente.

Corte em fatias e sirva com uma colherada de Frozen yogurt puro natural (p. 20) ou de iogurte grego ou iogurte desnatado.

Nota: como as farinhas sem glúten podem variar, sugerimos acrescentar os ingredientes líquidos aos poucos, até a massa ficar bem grossa.

♥ o **azeite** é rico em fenóis, compostos antioxidantes muito potentes. Seu principal componente, o ácido oleico, é uma gordura monoinsaturada, boa para o coração. O azeite ajuda a reduzir os níveis de LDL, o colesterol "ruim", e diminui a pressão sanguínea. Contém vitamina E e nutre pele, unhas e cabelo.

torta com creme de chocolate e abacate

O brilho e a textura macia da musse feita com chocolate e abacate são admiráveis; é o equilíbrio perfeito de dois ingredientes tropicais. Embrulhe a torta com filme de PVC se não for consumi-la imediatamente – o que é pouco provável.

massa da torta

100 g de macadâmias, mais um pouco para decorar

100 g de farinha de arroz integral

2 colheres (sopa) de açúcar de palma ou mascavo

¼ de colher (chá) de fermento em pó

¼ de colher (chá) de sal marinho

3 colheres (sopa) de óleo de sementes de uva

4 colheres (sopa) de xarope de agave

recheio

2 abacates maduros grandes

120 ml de xarope de agave

2 colheres (chá) de essência de baunilha

120 ml de leite de coco

75 g de cacau em pó de boa qualidade

1 colher (sopa) de óleo de coco ou de sementes de uva

½ colher (chá) de sal marinho

assadeira de 30 cm x 10 cm para torta

Rendimento: 8 porções

Faça a massa da torta: coloque 100 g de macadâmias no liquidificador e bata até obter uma pasta. Coloque em uma tigela.

Acrescente a farinha de arroz, o açúcar, o fermento e o sal e misture bem todos os ingredientes.

Coloque o óleo e o xarope de agave em uma tigela pequena e misture bem. Junte à mistura de macadâmias e mexa bem até incorporar completamente. Despeje a mistura na assadeira. Umedeça as pontas dos dedos e pressione, distribuindo uniformemente no fundo e nas laterais da assadeira.

Conserve por 25 minutos no freezer.

Preaqueça o forno a 180°C. Asse a massa da torta por cerca de 15 minutos, até ficar dourada. Tire do forno e espere esfriar completamente.

Faça o recheio: coloque os abacates, o xarope de agave, a essência de baunilha, o leite de coco, o cacau em pó, o óleo de coco e o sal no processador. Bata até obter um purê cremoso.

Espalhe-o sobre a massa fria e decore com o restante das macadâmias. Corte em fatias e sirva.

Se não consumir toda a torta imediatamente, embrulhe em filme de PVC e conserve na geladeira por até 3-4 horas.

A torta é mais fresca quando consumida no mesmo dia.

♥ a **macadâmia** é realmente muito boa. É o alimento com os maiores níveis de gordura monoinsaturada, que ajuda a reduzir o risco de doenças cardíacas e os índices de LDL, o colesterol "ruim". Essa noz contém cálcio, fósforo, potássio, magnésio e selênio. Está associada à longevidade e à saúde da próstata.

tortinhas de pêssego com mel

Dizem que "três é demais", mas não quando se trata de mel, amêndoas e pêssego. O contraste entre a massa crocante e o recheio cremoso é delicioso. Os pêssegos podem ser substituídos por nectarinas ou ameixas.

50 g de amêndoas em lascas tostadas

100 g de farinha sem glúten

1 colher (sopa) mais 1 colher (chá) de óleo de coco

60 ml de xarope de agave

100 g de cream cheese

3 colheres (sopa) de mel

2 colheres (sopa) de leite de amêndoas

¼ de colher (chá) de essência de baunilha

3 pêssegos pequenos maduros sem caroço cortados em 8 fatias

6 forminhas de fundo removível com 12 cm de diâmetro

Rendimento: 6 porções

Preaqueça o forno a 180°C. Coloque as amêndoas, a farinha, o óleo de coco e o xarope de agave no liquidifcador e pressione a função pulse até moer grosseiramente e formar uma pasta.

Distribua a massa nas forminhas; umedeça as pontas dos dedos para pressionar o fundo e as laterais. Conserve no freezer por 30 minutos.

Asse a massa das tortinhas por cerca de 15 minutos, até ficarem douradas. Deixe esfriar completamente nas forminhas.

Faça o recheio: coloque o cream cheese, o mel, o leite de amêndoas e a essência de baunilha em uma tigela e bata com a batedeira, até a mistura ficar leve e aerada. Distribua-a sobre massa das tortinhas, alisando a superfície. Arrume 4 fatias de pêssego em cada uma e conserve na geladeira até a hora de servir.

Estas tortinhas são mais frescas quando consumidas no mesmo dia.

♥ o **pêssego** é uma fruta deliciosa e tem poucas calorias. É rico em fitonutrientes e tem alto poder anti-inflamatório e antioxidante. Contém cálcio, magnésio, fósforo, potássio e vitaminas A, C e K. Ajuda a manter a pele saudável e corada.

macarons de coco e damasco

Esta é uma variação da receita clássica francesa. O damasco pode ser substituído por qualquer fruta seca de sua preferência. Para obter melhor resultado, use chocolate amargo de boa qualidade.

3 claras de ovo

175 g de coco ralado adoçado

5 colheres (sopa) de xarope de agave

50 g de damascos picados

25 g de chocolate amargo de boa qualidade derretido

assadeira forrada com papel-manteiga

Rendimento: 18 unidades

Preaqueça o forno a 150°C.

Coloque as claras em uma tigela de metal ou de vidro limpa e bata até ficar leve e espumante.

Acrescente o coco, o xarope de agave e os damascos e misture bem. Forme cookies do tamanho de 1 colher (chá) e coloque na assadeira forrada.

Asse por 12-14 minutos, até dourar nas bordas e por cima. Deixe esfriar na assadeira.

Quando os macarons estiverem frios, regue com o chocolate derretido e deixe endurecer. Podem ser conservados por 4 dias em recipiente hermeticamente fechado.

♥ a **clara de ovo** é uma das melhores fontes de proteína de alta qualidade, pobre em gordura. Não tem colesterol e fornece sódio, potássio, selênio e vitamina B. É um alimento com poucas calorias e pouquíssimos carboidratos, sendo por isso ideal em qualquer programa de perda de peso.

cookies de castanhas com erva-doce

Um biscoito comum pode adquirir um sabor mais sofisticado com erva-doce e uvas-passas e tornar-se o acompanhamento perfeito para um chá de frutas, no meio da tarde, ou uma boa taça de vinho, à noite.

50 g de farinha de castanhas (ou castanhas cozidas e passadas no processador)

200 g de farinha sem glúten

½ colher (chá) de sementes de erva-doce tostadas

½ colher (chá) de sal marinho

225 g de manteiga sem sal em temperatura ambiente

3 colheres (sopa) de xarope de agave

1 ovo

1 colher (chá) de essência de baunilha

50 g de uvas-passas

assadeira forrada com papel-manteiga

Rendimento: 24 unidades

Preaqueça o forno a 160°C.

Misture bem a farinha de castanhas, a farinha sem glúten, as sementes de erva-doce e o sal em uma tigela.

Coloque a manteiga em uma tigela de metal ou de vidro e bata até ficar leve e aerada. Acrescente o xarope de agave e misture. Adicione o ovo e a essência de baunilha e continue a misturar, até incorporar completamente.

Acrescente aos poucos a mistura de farinha à de manteiga, adicionando as uvas-passas. Misture os ingredientes com uma espátula de borracha, sem mexer demais. Coloque a massa em uma superfície levemente enfarinhada e forme dois cilindros. Envolva-os com filme de PVC e conserve no freezer pelo menos por 1 hora.

Corte os cilindros em fatias de 0,5 cm. Coloque as fatias na assadeira forrada, a espaços de cerca de 2,5 cm; asse por cerca de 12-15 minutos, até dourar.

Deixe esfriar. Os cookies podem ser conservados por 5 dias em recipiente hermeticamente fechado.

♥ a **castanha portuguesa** é pobre em gorduras e calorias e rica em amido. Também é abundante em cobre, magnésio, manganês e vitamina C. Ela ajuda a reduzir os níveis de LDL, o colesterol "ruim", e a regular a pressão sanguínea. E mais: é fonte de fibras e pode ajudar na perda de peso quando consumida com moderação.

cookies de aveia

Este cookie grandão fica delicioso com uma xícara de café quente. O aroma que sai do forno enquanto os biscoitos estão assando valoriza esta receita antes mesmo da primeira mordida.

113 g de manteiga em temperatura ambiente

360 ml de xarope de agave

3 ovos

75 g de farinha de arroz

75 g de farinha sem glúten

1 colher (chá) de goma xantana

1½ colher (chá) de bicarbonato de sódio

½ colher (chá) de canela

40 g de uvas-passas

130 g de aveia laminada sem glúten

2 assadeiras forradas com papel-manteiga

Rendimento: 12 unidades

Preaqueça o forno a 180°C.

Coloque a manteiga e o xarope de agave na batedeira e bata com apenas uma pá, até ficar leve e fofa. Acrescente os ovos, um de cada vez, mexendo depois de cada acréscimo. Raspe as laterais da tigela com uma espátula de borracha para incorporar os ingredientes não batidos. (Você também pode usar um mixer, se preferir.)

Acrescente as farinhas, a goma xantana, o bicarbonato de sódio, a canela, as uvas-passas e a aveia; misture bem, sem mexer demais.

Coloque colheradas da mistura nas assadeiras, a espaços de cerca de 2,5 cm.

Asse por 10-12 minutos, até dourar levemente. Deixe os cookies esfriarem por completo. Eles podem ser conservados em recipiente hermeticamente fechado por 5 dias.

a **aveia** é um dos grãos mais nutritivos. É rica em fibra solúvel e também contém vitamina E e algumas vitaminas B, além de cálcio e ferro. Contém ainda betaglucanos, que fortalecem o sistema imunológico, reduzem significativamente o nível de LDL, o colesterol "ruim", e ajudam a diminuir os riscos de doenças cardíacas. A aveia também é rica em avenantramida, potente antioxidante com propriedades anti-inflamatórias.

biscoitinhos de mirtilo

Quando se trata de doces, não importa apenas a qualidade dos ingredientes, mas também a quantidade consumida. Esta receita é uma alternativa para se comer algo doce de manhã, que faz bem para a saúde e em uma quantidade razoável. Além disso, quem não gosta de comer um biscoitinho de mirtilo no café da manhã?

130 g de farinha de grão-de-bico

1 colher (chá) de fermento em pó

¼ de colher (chá) de sal marinho

¼ de colher (chá) de canela em pó

uma pitada de pimenta--da-jamaica

25 g de manteiga sem sal gelada em cubinhos

1 ovo

3 colheres (sopa) de leite, mais um pouco para pincelar

60 ml de xarope de agave

40 g de mirtilos frescos

assadeira levemente untada

Rendimento: 12 unidades

Preaqueça o forno a 180°C.

Peneire a farinha, o fermento, o sal, a canela e a pimenta-da--jamaica em uma tigela grande. Acrescente a manteiga e trabalhe com as mãos, até a mistura ficar parecida com migalhas de pão.

Adicione o ovo, o leite e o xarope de agave e continue trabalhando a massa, sem mexer demais. A mistura deve ficar bem grudenta.

Acrescente os mirtilos e amasse delicadamente com as mãos. Enfarinhe levemente uma superfície de trabalho e as mãos para evitar que a massa grude. Molde a massa em um único pedaço de 7,5 cm x 10 cm, com cerca de 1 cm de espessura.

Com uma faca serrilhada afiada, corte a massa em quadrados de 2,5 cm; coloque os quadradinhos na assadeira e pincele com leite. Asse por 12-14 minutos, até dourar. Sirva quente.

Depois de frios, os biscoitinhos podem ser conservados em um recipiente hermeticamente fechado por 2-3 dias.

custard de maracujá

A farinha de coco é um alimento sem glúten, não muito conhecido. A surpresa é que ela não parece uma substituta, mas sim um ingrediente enriquecedor que torna a textura interessante e dá liga.

2 ovos com as claras e gemas separadas

180 ml de buttermilk (p. 27)

60 ml de suco natural de maracujá

½ colher (chá) de raspas de casca de laranja

½ colher (chá) de água de flor de laranjeira

¼ de colher (chá) de sal marinho

2 colheres (sopa) de farinha de coco

25 g de pistaches picados

4 ramequins (ou tigelinhas de custard) untados

assadeira grande para colocar os ramequins

Rendimento: 4 porções

Preaqueça o forno a 160°C.

Junte as gemas de ovo, o buttermilk, o suco de maracujá, as raspas de laranja, a água de flor de laranjeira, o sal e a farinha de coco em uma tigela e misture bem.

Coloque as claras em uma tigela limpa e bata com a batedeira em velocidade média, até ficar espumante. Aumente a velocidade à medida que a espuma crescer. Bata até formar picos macios.

Adicione a clara à mistura de maracujá, até incorporar bem todos os ingredientes. Distribua a mistura nos ramequins. Coloque-os na assadeira com água até a metade. Asse por 20-25 minutos, até ficarem durinhos e levemente dourados.

Tire os ramequins da água e deixe esfriar um pouco. Se quiser desenformar, passe uma faca em torno das bordas dos ramequins e vire-os em pratinhos. Espalhe os pistaches picados por cima e sirva. Você também pode cobrir com filme de PVC e conservar na geladeira até a hora de servir. Este custard fica mais fresco no dia em que é feito.

♥ o **maracujá** é uma boa fonte de potássio e de vitaminas A e C. Suas sementes são ricas em fibras. Contém antioxidantes, que inibem o desenvolvimento do câncer, e flavonoides, que promovem a saúde do coração. Também contém fenóis, que possuem ação antimicrobiana. É uma fruta rica em carboidratos e açúcares simples, sendo fonte de energia para atletas.

bolo de fubá com cerejas

Crocante por fora e macio e úmido por dentro, este bolo agrada a todo mundo.

2½ colheres (sopa) de óleo de coco

100 g de fubá

240 ml de leite orgânico

3 ovos

120 ml de xarope de agave

1 colher (chá) de fermento em pó

½ colher (chá) de canela em pó

150 g de cerejas doces sem caroço cortadas ao meio

iogurte grego ou iogurte natural para servir (opcional)

assadeira antiaderente de 23 cm de diâmetro

Rendimento: 6 porções

Preaqueça o forno a 180°C.

Coloque a assadeira no forno por 10 minutos. Acrescente ½ colher (sopa) do óleo de coco e gire a assadeira para cobrir as laterais e o fundo.

Coloque o restante do óleo de coco, o fubá, o leite, os ovos, o xarope de agave, o fermento e a canela em uma tigela e misture bem.

Acrescente as cerejas e misture. Despeje a mistura na assadeira e alise a superfície com uma espátula.

Asse por 30-35 minutos, até o bolo crescer e ceder ao toque. Deixe esfriar na assadeira por 10 minutos. Para servir, corte em pedaços e cubra com uma colherada de iogurte, se desejar.

♥ o **fubá** é feito de grãos de milho inteiros, secos e moídos. É boa fonte de fibra e pobre em gordura saturada, sódio e colesterol. Rico em carboidratos sem glúten, é ideal para o ganho saudável de peso.

crumble de maçã e marmelo

Camadas de fruta suculenta e massa amanteigada crocante se intercalam nesta sobremesa que parece não ter fim. Se não encontrar marmelos, substitua-os por uma variedade diferente de maçã ou peras firmes.

3 marmelos sem casca cortados em 8 pedaços

3 maçãs vermelhas crocantes cortadas em 8 pedaços

75 g de uvas-passas brancas

¼ de colher (chá) de pimenta-da-jamaica moída

½ colher (chá) de canela em pó

¼ de colher (chá) de sal marinho

3 colheres (sopa) de farinha de amêndoas ou de coco

60 ml de suco de maçã não adoçado

Frozen yogurt puro natural (p. 20) para servir (opcional)

cobertura

115 g de manteiga sem sal em temperatura ambiente

200 g de farinha sem glúten

60 ml de xarope de agave

¼ de colher (chá) de sal marinho

40 g de pecãs picadas

assadeira quadrada de 25 cm untada

Rendimento: 6-8 porções

Preaqueça o forno a 190°C.

Coloque os marmelos em uma tigela pequena. Cubra com água e cozinhe em fogo alto por 10 minutos, até ficarem macios.

Coloque as maçãs, as uvas-passas, a pimenta-da-jamaica, a canela, o sal, a farinha de amêndoas, o suco de maçã e o marmelo cozido em uma tigela. Misture bem, cobrindo todos os pedaços de fruta; coloque a mistura na assadeira. Asse por 15-20 minutos, até borbulhar.

Coloque a manteiga, a farinha, o xarope de agave, o sal e as pecãs em uma tigela grande. Com as mãos, misture tudo, até formar uma massa grudenta.

Tire a assadeira do forno e espalhe a massa sobre as frutas aleatoriamente. Coloque de novo no forno e asse por mais 10-15 minutos, até o crumble ficar dourado. Deixe esfriar um pouco antes de servir com uma colherada de Frozen yogurt puro natural, se desejar.

♥ o **marmelo** é rico em antioxidantes e antivirais. É uma boa fonte de vitamina A, fibras e ferro. Tem poderosas propriedades adstringentes devido ao alto teor de tanino, contém pectina, que reduz os níveis de LDL, o colesterol "ruim", e ajuda a reduzir os riscos de ataques cardíacos.

pudim de pão com caqui e macadâmias

Aqui está uma solução mágica para aproveitar o pão amanhecido. O caqui cremoso e as macadâmias crocantes formam uma combinação deliciosa. Se usar o caqui fuyu (foto), não se esqueça de retirar as sementes.

4 caquis maduros sem casca e sem sementes

720 ml de leite desnatado

3 ovos levemente batidos

420 ml de xarope de agave

75 g de macadâmias picadas

1 colher (chá) de essência de baunilha

½ colher (chá) de canela em pó

uma pitada de noz-moscada ralada na hora

400 g de pão sem glúten amanhecido

iogurte grego ou natural para servir (opcional)

assadeira de 23 cm x 23 cm untada

Rendimento: 10 porções

Preaqueça o forno a 180°C.

Ponha os caquis no liquidificador e bata até obter um purê. Coloque o leite, os ovos e o xarope de agave em uma tigela grande e bata com a batedeira. Acrescente o purê de caqui, as macadâmias, a essência de baunilha, a canela, a noz-moscada e bata até misturar completamente. Arrume as fatias de pão na assadeira e despeje a mistura de caqui. Tampe com filme de PVC; reserve por 30 minutos, para que o pão absorva o líquido.

Leve ao forno por 35-40 minutos, até dourar e secar. Deixe esfriar um pouco e sirva quente, acompanhado de iogurte grego ou natural, se desejar.

o **caqui** deve ser consumido quando estiver bem macio e maduro; caso contrário, pode ser bem adstringente. É rico em antioxidantes e também em ferro, cálcio, cobre e vitaminas C e A; além disso, contém um pouco de manganês e potássio. É uma ótima fonte de fibras dietéticas e ajuda a curar problemas digestivos.

sobremesas frias

barrinhas de castanhas de caju com limão

Se você gosta de sobremesas com limão, vai adorar esta. As castanhas de caju se misturam mais facilmente na cobertura cremosa quando ficam de molho.

base

225 g de castanhas de caju cruas

¼ de colher (chá) de sal marinho

40 g de uvas-passas brancas

raspas da casca e suco de 1 limão-siciliano

2 colheres (sopa) de xarope de agave

cobertura

100 g de castanhas de caju cruas

80 ml de suco de limão-siciliano

60 ml de xarope de agave

¼ de colher (chá) de cúrcuma

2 colheres (sopa) de óleo de coco

1 colher (chá) de raspas de limão para decorar

assadeira com fundo removível de 30 cm x 10 cm, forrada com papel-manteiga

Rendimento: 6 porções

Faça a base: coloque as castanhas de caju e o sal no processador e bata até moer bem. Acrescente as uvas-passas, as raspas e o suco de limão e o xarope de agave e bata até a mistura começar a formar grumos. Espalhe na assadeira; use as pontas dos dedos ou uma espátula para pressionar a base. Conserve na geladeira por 20 minutos.

Faça a cobertura: coloque as castanhas de caju de molho em 480 ml de água fria pelo menos por 3 horas. Escorra bem e bata no liquidificador, junto com o suco de limão e o xarope de agave, até a mistura ficar bem macia. Acrescente a cúrcuma e bata de novo. Adicione o óleo de coco e bata até misturar completamente. Despeje sobre a base e espalhe com uma espátula.

Leve ao freezer por 2 horas e depois passe para a geladeira. Decore com as raspas de limão, corte em fatias e sirva frio.

Estas barras podem ser conservadas em recipiente hermeticamente fechado na geladeira por 4 dias.

♥ a **castanha de caju** é rica em nutrientes e em sabor. Tem grande quantidade de cobre, magnésio, fósforo, niacina e folato. Quase toda a gordura da castanha de caju é monoinsaturada (ácido oleico). Esse ácido gorduroso é muito bom, pois pode reduzir os níveis de LDL, o colesterol "ruim". O consumo regular de castanhas de caju, em quantidades moderadas, pode ajudar a reduzir o risco de problemas cardíacos e de câncer.

torta de amoras frescas com massa de amêndoas

Esta torta reúne o sabor maravilhoso das amoras e das amêndoas ao das especiarias e pode ser feita rapidinho.

massa

350 g de amêndoas cruas

uma pitada de sal marinho

½ colher (chá) de pimenta-da-jamaica em pó

85 g de uvas-passas

2 colheres (sopa) de xarope de agave

1 colher (sopa) de essência de baunilha

recheio

500 g de amoras frescas

8 tâmaras macias sem caroço

1 colher (sopa) de xarope de agave

1 colher (sopa) de suco de limão-siciliano

iogurte grego ou natural para servir (opcional)

travessa para torta com 23 cm de diâmetro

Rendimento: 6 porções

Faça a massa da torta: bata as amêndoas, o sal e a pimenta-da-jamaica no processador, até moer bem. Acrescente as uvas-passas, o xarope de agave, a essência de baunilha e 1 colher (sopa) de água fria; bata até a mistura começar a formar caroços.

Coloque a mistura na travessa de torta e pressione no fundo e nas laterais, formando uma camada uniforme. Molde a massa na borda da travessa. (A massa da torta deve ter cerca de 8 mm de espessura.) Conserve na geladeira por 20 minutos.

Faça o recheio: coloque 250 g de amoras, as tâmaras, o xarope de agave e o suco de limão no processador e bata até ficar cremoso. Passe para uma tigela grande e misture o restante das amoras.

Despeje o recheio sobre a massa e distribua uniformemente com uma espátula. Conserve na geladeira por 2 horas. Corte em fatias e sirva acompanhada de iogurte grego ou natural, se desejar.

Esta torta pode ser conservada em recipiente hermeticamente fechado na geladeira por 4 dias.

a **amêndoa** contém vitaminas A e E, responsáveis por melhorar a saúde da pele e protegê-la dos danos causados pelo sol. É rica em gordura monoinsaturada, que reduz o LDL, o colesterol "ruim", e ajuda a diminuir o risco de doenças cardíacas. A amêndoa é fonte de proteína e fibra dietética, o que pode ajudar na perda de peso quando consumida com moderação.

torta de coco com manga e macadâmias

Esta receita é inspirada em dois sabores tropicais: coco e manga. A torta é deliciosamente úmida, um pedacinho do céu para quem gosta de coco.

base

250 g de macadâmias

100 g de coco ralado não adoçado

¼ de colher (chá) de sal marinho

16 tâmaras picadas

2 colheres (chá) de essência de baunilha

cobertura

400 g de manga

3 colheres (chá) de xarope de agave

2 colheres (chá) de farinha de soja

3 colheres (sopa) de óleo de coco

175 g de framboesas frescas

assadeira de fundo removível com 23 cm

Rendimento: 8-10 porções

Coloque as macadâmias, o coco ralado e o sal no processador e bata até moer bem. Adicione as tâmaras e a essência de baunilha e bata até a mistura começar a encaroçar. Acrescente 2 colheres (sopa) de água fria e bata até misturar bem. Coloque na assadeira e pressione com uma espátula ou colher para ficar bem compacta. Conserve na geladeira por 20 minutos.

Fatie a manga (reserve alguns pedaços) e bata com o xarope de agave no liquidificador até dissolver. Acrescente a farinha de soja e bata de novo. Adicione o óleo de coco com o motor em funcionamento e bata até a mistura ficar bem cremosa.

Espalhe a mistura de manga sobre a base da torta fria, usando uma espátula para alisar a superfície. Cubra com filme de PVC e conserve na geladeira por 4 horas. Decore com as fatias de manga reservadas e as framboesas frescas. Sirva gelado.

Coberta com filme de PVC, esta torta pode ser conservada na geladeira por 4 dias.

♥ o **COCO** produz um dos óleos mais saudáveis que existem. É um ácido graxo de cadeia média, que nosso corpo metaboliza rapidamente em fonte de energia em vez de armazená-lo em torno do quadril ou do estômago. Essa gordura contém ácido láurico e agentes antiviral, antimicrobiano e antibacteriano. O coco e seu óleo são ricos em nutrientes, enquanto a água de coco tem o equilíbrio perfeito de eletrólitos, enzimas e vitaminas.

barras de pecãs e cacau com cobertura cremosa

Esta receita é para os que adoram chocolate, pois poderão matar a vontade com uma sobremesa saudável. O cacau é um dos alimentos mais fantásticos da natureza, com grande teor de antioxidantes.

base

225 g de pecãs cruas

50 g de cacau em pó de boa qualidade

uma pitada de sal marinho

10 tâmaras grandes sem caroço

60 ml de xarope de agave

cobertura

4 tâmaras grandes sem caroço

1 abacate médio

25 g de cacau em pó de boa qualidade

60 ml de xarope de agave

30 g de pecãs picadas para decorar

assadeira com fundo removível de 30 cm x 10 cm, forrada com papel-manteiga

Rendimento: 6 porções

Faça a base: bata as pecãs, o cacau em pó e o sal no processador, até moer bem. Acrescente as tâmaras e o xarope de agave e bata até a mistura começar a encaroçar.

Espalhe a mistura na assadeira e pressione com uma espátula para compactar a massa. Conserve na geladeira por 20 minutos.

Faça a cobertura: deixe as tâmaras de molho em água fria por 20 minutos. Escorra e coloque no processador, junto com o abacate, o cacau em pó e o xarope de agave. Bata até a mistura ficar cremosa. Pare de vez em quando, para raspar as laterais com uma espátula.

Espalhe a cobertura por cima da massa e cubra com as pecãs picadas. Conserve na geladeira por 2 horas, corte em fatias e sirva frio.

Estas barras podem ser conservadas em recipiente hermeticamente fechado na geladeira por 4 dias.

a **tâmara** é um doce natural e uma grande fonte de energia rápida. Rica em cálcio, magnésio, potássio e ferro, contém taninos e outros antioxidantes com propriedades anticancerígenas e anti-inflamatórias. É um adoçante perfeito para muitas receitas, além de uma alternativa mais saudável aos açúcares processados ou refinados e uma ótima fonte de fibra dietética.

crumble de abacaxi com pistache e iogurte

Sobremesa saudável, composta por crumble de pistache coberto com iogurte e frutas frescas. Que delícia!

325 g de abacaxi fresco bem picado

175 g de framboesas frescas

60 ml de xarope de agave

1 colher (sopa) de folhas de hortelã fresca picadas

200 g de pistaches picados

¼ de colher (chá) de sal marinho

8 tâmaras grandes e macias sem caroço

1 colher (chá) de essência de baunilha

480 ml de iogurte grego ou natural

xarope de agave a gosto

Rendimento: 6-8 porções

Misture o abacaxi, as framboesas, o xarope de agave e a hortelã em uma tigela. Tampe e deixe marinar pelo menos por 15 minutos.

Coloque os pistaches e o sal no processador e bata levemente. Acrescente as tâmaras, a essência de baunilha e 1 colher (sopa) de água fria; bata até a mistura começar a encaroçar. Divida a maior parte da mistura em 6-8 tigelinhas e cubra com o iogurte e a marinada de abacaxi e framboesa. (Regue com um pouco mais de xarope de agave, se preferir uma sobremesa mais doce.) Espalhe o restante do crumble por cima e sirva.

A marinada de frutas e o crumble de pistache podem ser conservados separadamente, em recipientes hermeticamente fechados por 3 dias, na geladeira.

♥ o **abacaxi** contém bromelaína, poderoso composto enzimático. É um anti-inflamatório natural, que ajuda a reduzir inchaços, colabora na digestão e melhora o sistema imunológico. O abacaxi também afina o sangue. É rico em vitamina C e magnésio, bom para a pele e os ossos.

musse de mojito com crocante de coco

Esta receita é inspirada na doçura, na refrescância cítrica e no sabor da hortelã do mojito cubano. Ótima para compartilhar com os amigos.

crocante

100 g de nozes

100 g de coco ralado não adoçado

¼ de colher (chá) de sal marinho

4 tâmaras picadas

1 colher (sopa) de xarope de agave

musse

2 abacates pequenos

240 ml de suco de limão

180 ml de xarope de agave

30 g de hortelã fresca

2 colheres (sopa) de óleo de coco

Rendimento: 6 porções

Coloque as nozes, o coco ralado e o sal no processador. Bata até moer bem, mas cuidado para não bater demais, para as nozes não dissolverem. (É melhor bater aos poucos e verificar a consistência.)

Acrescente as tâmaras e o xarope de agave e bata até a mistura começar a encaroçar. Divida-a em 6 tigelinhas. Com as mãos, pressione para compactar. Conserve na geladeira por 20 minutos.

Faça a musse: coloque o abacate, o suco de limão, o xarope de agave e a hortelã no processador e bata até a mistura ficar cremosa. Pare de vez em quando e raspe as laterais. Acrescente o óleo de coco com o motor funcionando e bata até incorporar totalmente.

Distribua a musse nas tigelinhas. Cubra bem com filme de PVC e conserve na geladeira por 3 horas. Decore com folhas de hortelã e sirva gelado.

Coberta com filme de PVC, esta sobremesa pode ser conservada na geladeira por 3 dias.

o **abacate** é um creme saudável da natureza; gordura monoinsaturada que reduz os níveis de LDL, o colesterol "ruim", ajuda o coração e preserva a umidade da pele. Grande fonte de fibra e de potássio, também contém folato, vitamina A e outros carotenoides saudáveis. Faz bem para a saúde e aumenta a capacidade do corpo de absorver nutrientes.

compota de damasco com castanhas de caju

Esta compota delicada, com base crocante de castanhas de caju, é saudável e refrescante. Pode ser saboreada também no café da manhã.

base

300 g de castanhas de caju cruas

¼ de colher (chá) de sal marinho

2 colheres (sopa) de xarope de agave

1 colher (chá) de essência de baunilha

compota

9 damascos maduros sem caroço

70 g de damascos secos

60 ml de xarope de agave

1 colher (sopa) de suco de limão-siciliano

Rendimento: 6-8 porções

Coloque as castanhas de caju e o sal no processador e pique grosseiramente. Acrescente o xarope de agave e a essência de baunilha e bata levemente. Passe para uma tigela e conserve na geladeira por 20 minutos.

Ponha 6 damascos frescos, os damascos secos, o xarope de agave e o suco de limão no processador e bata até a mistura ficar macia. Fatie o restante dos damascos frescos e reserve.

Divida a maior parte da mistura de castanhas de caju entre 6-8 tigelinhas. Cubra com a compota e as fatias de damasco. Espalhe por cima o restante dessa mistura e sirva imediatamente.

A compota de damasco e a mistura de castanhas de caju podem ser conservadas, separadamente, em recipientes hermeticamente fechados na geladeira por 4 dias.

❤ o **damasco** é rico em fibras, potássio, vitamina A e betacaroteno. Contém também betacriptoxantina, poderoso antioxidante que pode ajudar a reduzir o risco de câncer de pulmão e de cólon. O damasco é pobre em calorias e rico em nutrientes. Promove a saúde do cabelo e da pele.

parfait de açafrão com iogurte

Colhido manualmente, o açafrão é a especiaria mais delicada do mundo. O sabor e a cor que ele dá a este parfait são perfeitos.

¼ de colher de chá de pistilos de açafrão

2 colheres (sopa) de água quente

480 ml de iogurte grego ou natural

60 ml de xarope de agave

225 g de pecãs cruas

130 g de cerejas grandes e maduras

325 g de manga em cubos

Rendimento: 6-8 porções

Cubra os pistilos de açafrão com água quente; deixe de molho por 1 hora. Coe com uma peneira fininha, descartando os pistilos de açafrão. Misture a água de açafrão com o iogurte e o xarope de agave. Conserve na geladeira por 1 hora.

Coloque as pecãs e as cerejas no processador e bata até encaroçar.

Divida metade da mistura em 6-8 tigelinhas. Cubra com uma camada do iogurte com açafrão e uma camada de manga. Espalhe o restante da mistura por cima e sirva imediatamente.

O iogurte de açafrão e o crumble de pecãs podem ser conservados, separadamente, em recipientes hermeticamente fechados na geladeira por 5 dias.

a **manga** é fonte de enzimas. Fornece fibras, ajuda a tratar a acidez e alivia a prisão de ventre. É rica em potássio, betacaroteno e vitaminas A e C. Também contém fenóis, que têm propriedades anticancerígenas e antioxidantes. É ideal para gestantes e pessoas com anemia por ser ótima fonte de ferro.

carpaccio de pera com gengibre

Esta é uma sobremesa muito leve e refrescante. Você pode usar qualquer tipo de pera ou substituir por outra fruta que possa ser cortada em fatias bem fininhas.

2 peras maduras em fatias bem finas

2 colheres (sopa) de xarope de agave

¼ de colher (chá) de gengibre fresco ralado

4 morangos cortados na metade para decorar

2 colheres (sopa) de pistaches bem picados

Rendimento: 4 porções

Em uma travessa grande ou um prato raso, arrume as fatias de pera em uma camada.

Coloque o xarope de agave e o gengibre em uma tigela pequena e misture bem. Regue as fatias de pera com a mistura. Cubra bem com filme de PVC e conserve na geladeira por 30 minutos.

Divida as fatias de pera em quatro pratinhos; decore com os morangos e os pistaches picados.

As fatias de pera na calda podem ser conservadas em recipiente hermeticamente fechado na geladeira por 3 dias.

♥ a **pera** tem alto teor de fibra e é benéfica para a saúde do cólon. Boa fonte de vitamina C e cobre, tem ação antioxidante. É também rica em potássio e contém cálcio, fósforo e magnésio. Por ser um alimento hipoalergênico, é ideal para bebês.

docinhos de chocolate com framboesa

Estes docinhos deliciosos e saudáveis são, na verdade, pequenos brownies cobertos com suculentas e delicadas framboesas frescas. São fáceis de fazer e perfeitos para depois de um jantar.

300 g de nozes

50 g de cacau em pó

uma pitada de sal marinho

10 tâmaras grandes e macias sem caroço

60 ml de xarope de agave

1 colher (chá) de essência de baunilha

250 g de framboesas frescas

Rendimento: 6-8 porções (cerca de 30-36 docinhos)

Bata as nozes com o cacau e o sal no processador até ficarem bem moídas.

Acrescente as tâmaras, o xarope de agave e a essência de baunilha e bata até a mistura começar a se unir. Com as mãos úmidas, molde bolinhas de 2,5 cm. Faça uma marca com o dedo em cima de cada docinho e coloque uma framboesa. Deixe na geladeira por 20 minutos antes de servir.

Estes docinhos podem ser conservados na geladeira em recipiente hermeticamente fechado por 3 dias.

a **noz** é grande fonte de ômega-3. Regula o funcionamento do cérebro e promove o equilíbrio do humor. É rica em minerais, como cálcio, magnésio, manganês e potássio. Também é abundante em proteína e fibras dietéticas. Consumida com moderação, ajuda na perda de peso.

trufas de pistache e damasco

Pistache e damasco são uma combinação perfeita. Esta receita é sempre bem recebida, divertida de fazer e fica pronta em 15 minutos.

200 g de pistaches sem sal e sem casca

350 g de damascos secos

2 colheres (sopa) de suco de limão

2 colheres (sopa) de xarope de agave

Rendimento: 6-8 porções (cerca de 30 trufas)

Pique bem 50 g dos pistaches e reserve.

Coloque os damascos, o suco de limão e o xarope de agave no liquidificador e bata até a mistura ficar macia. Acrescente o restante dos pistaches e use a função pulse para picar e misturar bem. Com as mãos úmidas, molde bolinhas de 2,5 cm.

Passe as trufas nos pistaches picados e coloque em um prato. Conserve na geladeira por 2 horas antes de servir.

As trufas podem ser conservadas na geladeira cobertas com filme de PVC por 5 dias.

trufas de amêndoas e figos

Estas trufas promovem um lanche saudável a qualquer hora do dia. Uma boa opção é comê-las à tarde, para ter bastante energia.

250 g de amêndoas cruas

uma pitada de sal marinho

1 colher (chá) de canela em pó

250 g de figos secos picados

2 colheres (sopa) de suco de laranja fresco

60 ml de xarope de agave

85 g de cranberries ou mirtilos

Rendimento: 6-8 porções (30-36 trufas)

Pique bem 50 g de amêndoas e reserve.

Bata o restante das amêndoas, o sal e a canela no liquidificador ató ficar bom picado. Acrescente os figos, o suco de laranja e o xarope de agave; bata até a mistura começar a se unir. Adicione as cranberries ou os mirtilos e use a função pulse para misturar. Com as mãos úmidas, molde bolinhas de 2,5 cm.

Passe as trufas nas amêndoas picadas e coloque em um prato. Conserve na geladeira por 2 horas antes de servir.

As trufas podem ser conservadas na geladeira cobertas com filme de PVC por 5 dias.

sucos e vitaminas

vitamina de mirtilo, romã e chocolate

A romã não só faz bem, como também é uma delícia visual, com sementes que lembram joias. Decore a vitamina com algumas dessas sementes frescas, e sua manhã ficará ainda mais bonita.

230 g de mirtilos frescos

360 ml de iogurte grego ou natural

80 ml de suco de romã não adoçado

2 colheres (sopa) de cacau em pó de boa qualidade

1 colher (chá) de xarope de agave

2 colheres (chá) de creme de amêndoas

300 g de cubos de gelo picados (veja a nota)

um pouco mais de mirtilos ou sementes de romã para decorar (opcional)

Rendimento: 4 porções

Coloque os mirtilos, o iogurte, o suco de romã, o cacau em pó, o xarope de agave e o creme de amêndoas no liquidificador e bata até formar um purê.

Pouco antes de servir, acrescente o gelo picado e bata de novo, até ficar espumante. Despeje em copos altos, decore com alguns mirtilos frescos ou sementes de romã, como preferir, e sirva imediatamente.

Nota: o gelo pode ser picado no liquidificador ou no processador; verifique as instruções do fabricante. Você também pode colocar os cubos de gelo em um saco plástico e quebrá-los com o rolo de macarrão.

o **mirtilo** é considerado excelente para o cérebro e a memória, ajudando no funcionamento dos neurônios. Também tem propriedades antioxidantes e anti-inflamatórias, ajudando quem tem artrite e doenças cardíacas. Ele está entre os alimentos com maior potencial anticancerígeno.

vitamina de coco e gengibre

Não há nada melhor para aquecer e dar energia em uma manhã fria. Esta vitamina é ótima no café da manhã ou para recuperar o pique no meio da tarde.

240 ml de leite de coco light

240 ml de iogurte grego ou natural

2 bananas cortadas em pedaços

3 colheres (sopa) de xarope de agave

3 colheres (sopa) de suco de limão

1 colher (sopa) de suco de gengibre ou 15 g de gengibre ralado na hora

200 g de gelo picado (veja a nota)

gengibre ralado ou lascas de gengibre seco para decorar

Rendimento: 4 porções

Coloque o leite de coco, o iogurte, os pedaços de banana, o xarope de agave, o suco de limão e o suco de gengibre ou o gengibre ralado no liquidificador e bata até a mistura ficar macia. Acrescente o gelo picado e use a função pulse algumas vezes, até formar espuma.

Despeje em 4 copinhos e decore com uma pitada de gengibre moído ou de gengibre seco, como preferir, e sirva imediatamente.

Nota: o gelo pode ser picado no liquidificador ou no processador; verifique as instruções do fabricante. Você também pode colocar os cubos de gelo em um saco plástico e quebrá-los com o rolo de macarrão.

♥ o **gengibre** tem sido usado para problemas de estômago e alívio de náuseas desde a Antiguidade, pois estimula a produção de saliva e ajuda na digestão. Também pode auxiliar as grávidas que sofrem de enjoos matinais. É rico em antioxidantes, alguns dos quais com propriedades anti-inflamatórias. Também melhora a circulação e gera calor interno.

vitamina de framboesa e nectarina com hortelã

A lembrança do sabor fresco das framboesas cobertas por iogurte e folhas de hortelã deu origem a esta receita. Esta é uma vitamina de verão, leve e refrescante.

120 g de framboesas congeladas

2 nectarinas frescas cortadas em quatro

85 g de Frozen yogurt puro natural (p. 20)

480 ml de xarope de nectarina ou damasco (veja a nota)

2 colheres (sopa) de hortelã fresca bem picada

algumas framboesas e 4 fatias de nectarina para decorar

Rendimento: 4 porções

Coloque as framboesas, as nectarinas, o frozen yogurt, o néctar de nectarina ou damasco e a hortelã no liquidificador e bata até formar um purê macio.

Despeje em 4 copos; decore com framboesas e fatias de nectarina e sirva imediatamente.

Nota: o xarope de nectarina ou damasco é mais espesso do que o suco e costuma ser vendido em latas. Pode ser encontrado em lojas de produtos naturais e em grandes supermercados.

♥ a **framboesa** é extremamente rica em fibras dietéticas e também em cálcio, magnésio, fósforo, potássio e vitamina C. Contém ácido elágico, que combate as células cancerígenas sem danificar as células saudáveis. A framboesa possui ainda antocianina, poderoso antioxidante com propriedades anti-inflamatórias.

lassi de papaia

O lassi proporciona um sabor incrível resultante da combinação do sal com a fruta madura. Podem ser feitos com todos os tipos de frutas, mas o que mais agrada é o de papaia.

2 papaias maduros em cubos

720 ml de iogurte grego ou natural

10 g de folhas de hortelã fresca

½ colher (chá) de pimenta-do-reino moída na hora

¼ de colher (chá) de sal marinho

cubos de gelo para servir

algumas folhinhas de hortelã fresca para decorar

Rendimento: 4 porções

Coloque a papaia, o iogurte, a hortelã, a pimenta e o sal no liquidificador. Acrescente 500 ml de água fria e bata até formar um purê cremoso.

Despeje em 4 copos com gelo. Decore com folhas de hortelã e sirva imediatamente.

a **papaia** é rico em enzimas digestivas. Contém papaína, que ajuda a digerir proteína e tem propriedades anti-inflamatórias. Também é boa fonte de antioxidantes, como o caroteno, vitamina C e flavonoides, além de potássio e fibras dietéticas.

chai de amêndoas gelado

Fazer seu próprio chai é uma excentricidade, mas o processo de moer as especiarias e sentir a riqueza de seu aroma é como uma viagem à Índia. É possível dobrar a mistura de especiarias para uma segunda rodada, se bater a vontade mais tarde.

12 bagas de cardamomo sem sementes ou ¼ de colher (chá) de cardamomo em pó

1 pau (5 cm) de canela quebrado

8 grãos de pimenta-da-jamaica

720 ml de leite de amêndoas

2 colheres (chá) de xarope de agave

1 colher (chá) de gengibre fresco ralado

360 ml de água fervente

2 saquinhos de chá-preto

cubos de gelo para servir

4 paus de canela para decorar (opcional)

moedor de especiarias ou pilão

Rendimento: 4 porções

Ponha as sementes de cardamomo, a canela e a pimenta-da-jamaica no moedor de especiarias e bata até obter um pó fino ou moa tudo no pilão.

Coloque o leite de amêndoas, o xarope de agave, o gengibre ralado e as especiarias moídas em uma panela e leve ao fogo médio. Aqueça lentamente, sem deixar a mistura ferver. Tire do fogo, tampe e deixe descansar por 15 minutos.

Despeje a água fervente sobre os saquinhos de chá. Deixe descansar por 10 minutos, coe e esfrie na geladeira.

Misture o chá gelado com o leite de amêndoas temperado. Coloque em 4 copos cheios de gelo, decore com um pau de canela e sirva imediatamente.

♥ o **cardamomo** tem sido usado como auxiliar da digestão desde a Antiguidade. Ajuda a evitar cólicas estomacais, estimulando a digestão, reduzindo o muco e aliviando os gases. O cardamomo estimula a saúde do fígado, mantendo o fluxo da bile. Contém limoneno, que proporciona atividade antioxidante e desintoxicante. As sementes também são ótimas para refrescar o hálito.

suco verde azedinho

Todos já ouviram falar que os sucos verdes fazem bem à saúde. Aqui está uma versão muito simples de uma bebida saudável, com todo o poder verde que o organismo necessita.

- 1 maçã verde crocante sem casca em cubos
- 2 kiwis maduros fatiados
- 225 g de melão maduro em cubos
- 60 ml de xarope de agave
- 3 colheres (sopa) de suco de limão
- ¼ de colher (chá) de pimenta-de-caiena
- cubos de gelo para servir

Rendimento: 4 porções

Coloque a maçã, o kiwi, o melão, o xarope de agave, o suco de limão e a pimenta no liquidificador. Acrescente 360 ml de água fria e bata até obter um purê cremoso.

Despeje em 4 copos com gelo e sirva imediatamente.

o **kiwi** é uma das frutas mais nutritivas que existem. É rico em vitamina C, magnésio e potássio. Tem alto poder antioxidante e estimula a reparação celular em muito pouco tempo. Também serve para afinar o sangue e favorece a saúde do coração. Além disso, é fonte de fibras dietéticas.

ponche de limão e cranberry

Esta é uma bebida refrescante e calmante, que lembra muito uma das favoritas dos anos 1950, mas sem o sabor doce enjoativo, graças ao cítrico do sorbet.

640 ml de suco de cranberry não adoçado

4 colheradas de sorbet de limão (cerca de 40 g)

240 ml de água com gás ou soda

fatias de limão-siciliano para decorar

cubos de gelo para servir

Rendimento: 4 porções

Encha 4 copos com cubos de gelo. Divida o suco de cranberry.

Coloque uma colherada de sorbet de limão em cada copo e cubra com água com gás ou soda. Decore com fatias de limão e sirva imediatamente.

o **suco de cranberry** é extremamente rico em nutrientes que favorecem o processo de desintoxicação natural do corpo. Tem alto teor de fenóis, o que ajuda a neutralizar os radicais livres. Rico em poderosos antioxidantes, tem propriedades anticancerígenas e agentes antibacterianos que ajudam a evitar infecções no trato urinário.

espumante de grapefruit

O estereótipo de bebida feminina é doce e enjoativo. Esta é uma interpretação de uma bebida delicada, mas sofisticada.

960 ml de suco de grapefruit vermelho gelado

2 colheres (chá) de água de rosas gelada

1 colher (chá) de xarope de agave

1 grapefruit vermelho

240 ml de soda ou água com gás

Rendimento: 8 porções

Misture o suco de grapefruit, a água de rosas e o xarope de agave em uma jarra grande.

Descasque o grapefruit, tire os caroços e divida a polpa em gomos. Corte cada gomo ao meio.

Divida os gomos de grapefruit em 8 taças de champanhe (ou semelhantes), cubra com o suco de grapefruit e finalize com um pouco de soda ou água com gás. Sirva imediatamente.

♥ o **grapefruit** é rico em enzimas, potássio, ácido fólico e vitamina C. É pobre em calorias, por isso é indicado para dietas. Seu suco ajuda a inibir o desenvolvimento do câncer e reduz os níveis de LDL, o colesterol "ruim". Os grapefruits rosa e vermelho têm mais propriedades antioxidantes do que o grapefruit branco. Também contém licopeno, vitamina A e betacaroteno.

suco de laranja com beterraba

Suco de laranja com beterraba é uma combinação fantástica. Esta receita é incrementada com suco de limão-siciliano e xarope de agave.

- 1 beterraba
- 700 ml de suco de laranja (6 laranjas)
- 1 laranja descascada, fatiada e sem caroços
- 60 ml de suco de limão-siciliano
- 4 colheres (sopa) de xarope de agave
- 2 colheres (sopa) de raspas de casca de laranja
- cubos de gelo para servir

Rendimento: 4 porções

Preaqueça o forno a 200°C.

Lave a beterraba e embrulhe em um pedaço de papel-alumínio. Coloque em uma assadeira e leve ao forno por cerca de 40 minutos, até ficar macia. Desembrulhe e deixe esfriar um pouco; tire a casca, corte em pedaços e reserve.

Ponha o suco de laranja, as fatias de laranja, o suco de limão e 3 colheres (sopa) de xarope de agave no liquidificador. Acrescente 360 ml de água gelada e bata até a mistura ficar dissolvida.

Conserve o suco de laranja na geladeira até ficar bem gelado. Coloque a beterraba picada no liquidificador com as raspas de laranja, o restante do xarope de agave e 120 ml de água fria; bata até obter um purê cremoso.

Para servir, despeje o suco de laranja em 4 copos altos cheios de gelo e cubra com 1 colher (sopa) do purê de beterraba. Sirva imediatamente.

♥ a **beterraba** é considerada um excelente tônico para o fígado e purificador do sangue. A betacianina – pigmento que dá à beterraba sua cor vermelha – é um poderoso agente anticancerígeno. É boa fonte de betaína e folato e rica em potássio, mineral vital para a saúde do coração. Também contém ferro, magnésio e vitamina C.

kombucha com manga e maracujá

O kombucha é um chá chinês delicioso; acredita-se que tenha qualidades benéficas ao sistema imunológico e que atue na eliminação de toxinas.

480 ml de suco de manga gelado

120 ml de suco de maracujá gelado

480 ml de kombucha natural gelado (veja a nota)

3 colheres (sopa) de xarope de agave

cubos de gelo para servir

Rendimento: 6 porções

Coloque o suco de manga, o suco de maracujá, o kombucha e o xarope de agave em uma jarra grande e misture. Despeje em 6 copos cheios de gelo e sirva imediatamente.

Nota: se não conseguir encontrar kombucha, use água mineral com gás ou alguma bebida gaseificada de lojas de produtos naturais.

o **kombucha** é um chá fermentado que contém culturas vivas e traz muitos benefícios para a saúde. O chá de kombucha é rico em antioxidantes e ácidos probióticos. Ajuda a fortalecer o sistema imunológico, evita o câncer, desintoxica o fígado e ajuda a digestão. Também é boa fonte de vitamina B. Os chineses antigos se referiam a ele como o "elixir da saúde imortal".

raspadinha de manga e coco

A manga verde é bastante apreciada, mas esta receita também pode ser feita com mangas maduras. Basta reduzir a quantidade de xarope de agave em 1 ou 2 colheres (sopa) para não ficar doce demais.

230 g de manga verde (ou madura, se preferir) em cubos

720 ml de água de coco

suco de 1 limão

80 ml de xarope de agave

2 colheres (chá) de sal marinho

uma pitada de pimenta-de-caiena

lascas de coco para decorar (opcional)

assadeira ou travessa de metal de 23 cm x 33 cm, com pelo menos 2,5 cm de profundidade

Rendimento: 4 porções

Coloque a manga em cubos, a água de coco, o suco de limão, o xarope de agave, o sal e a pimenta-de-caiena no liquidificador e bata até obter um purê macio.

Despeje na assadeira ou travessa e conserve no freezer pelo menos por 2 horas. Tire do freezer, deixe em temperatura ambiente por 10 minutos e depois quebre em pedaços.

Coloque em copos altos, decore com lascas de coco, se desejar, e sirva imediatamente.

♥ a **pimenta-de-caiena** aquece o corpo e estimula o revestimento do estômago a secretar sucos protetores. Ajuda a reconstruir o tecido estomacal e a curar úlceras do estômago e do intestino. A pimenta-de-caiena contribui para normalizar a pressão sanguínea, ao mesmo tempo que limpa as artérias e reduz os níveis do LDL, o colesterol "ruim". É muito utilizada por suas propriedades desintoxicantes.

frapê de morango com maçã e manjericão

Embora esta combinação de frutas seja mais comum em tortas, no frapê fica bastante leve e o sabor do morango se acentua.

70 g de maçã em cubos de 2,5 cm

5 colheres (sopa) de xarope de agave

280 g de morangos

2 colheres (sopa) de manjericão picado

300 g de cubos de gelo picados (veja a nota)

morangos pequenos cortados ao meio para decorar

folhas frescas de manjericão para decorar

Rendimento: 4 porções

Coloque a maçã, 2 colheres (sopa) do xarope de agave e 120 ml de água fria em uma panela em fogo médio. Deixe ferver e cozinhe por 5 minutos, até evaporar toda a água e o xarope de agave começar a caramelizar. Transfira para uma tigela, deixe esfriar e leve à geladeira para gelar.

Na hora de servir, junte com os morangos, o manjericão picado, o restante do xarope de agave e o gelo picado e bata no liquidificador, até ficar macio e espumante.

Despeje o frapê em 4 copos; decore cada um com metade de um morango e algumas folhas de manjericão e sirva imediatamente.

Nota: o gelo pode ser picado no liquidificador ou no processador; verifique as instruções do fabricante. Você também pode colocar os cubos de gelo em um saco plástico e quebrá-los com o rolo de macarrão.

o **morango** contém elementos químicos que protegem do câncer dos seios e da cervical. Contém também ácido elágico e tem poderosas propriedades antioxidantes. É uma fruta rica em vitamina C e fibras dietéticas e possui compostos que protegem os vasos sanguíneos e estimulam a memória de curto prazo.

agradecimentos

Pablo Uribe e Rob Baines agradecem a:

Lorraine Perretta, nutricionista que confirmou o lema "você é o que come", pois toda a nossa filosofia se baseia na crença de que a alimentação saudável desempenha um papel em nosso bem-estar físico, mental e espiritual.

Xandy, pois o Frozen yogurt puro é adoçado com xarope de agave graças a ela.

Ico Design Consultancy, por ter criado a marca e o logo Snog, que nós e nossos clientes adoramos.

Cinimod Studio, pelas lojas lindas e bem iluminadas.

Gerência das lojas Snog — Mia, em Westfield; Andres, no Soho; e Matt, em South Kensington - por manterem o motor em funcionamento com um sorriso no rosto.

Nossos melhores amigos Nonnie, Mark e Paul, por estarem conosco desde o primeiro dia, por nos ouvirem falar do Snog e por testarem inúmeras receitas.

Claire, por ser uma visionária equânime e sempre presente.

Tristan, da loja de Covent Garden, por sua energia, sua busca pela perfeição e sua confiança.

Imran, da R. Holding, parceira em nossa primeira loja Snog internacional, em Dubai.

Alison, Leslie, Steve e Julia, da Ryland Peters & Small, por fazerem este livro acontecer, por serem concisos, por suas sacadas e sua grande experiência.

Kate, nossa maravilhosa fotógrafa, que faz com que tudo pareça tão gostoso quanto é.

Jane e sua equipe da Not Just Food, que pacientemente experimentaram e testaram todas as receitas.

Mariana e Cristina, alma e coração deste livro, pela inspiração e pelas receitas deliciosas.

Ryland Peters & Small agradece a Linda Bloomfield pelo gentil empréstimo de travessas e tigelas das páginas 25, 53, 71 e 104.